本书系国家社科基金重点项目"'一带一路'农业对外投资风险防范对策研究（19AZD012）"研究阶段性成果

中国农业对外投资现状、 生产率效应与模式选择

Chinese Agricultural OFDI: Productivity Effect and Pattern Selection

刘乃郗　韩一军　著

中国财经出版传媒集团

经济科学出版社

Economic Science Press

图书在版编目（CIP）数据

中国农业对外投资现状、生产率效应与模式选择/
刘乃郗，韩一军著．－－北京：经济科学出版社，2021.9
ISBN 978 - 7 - 5218 - 2716 - 3

Ⅰ.①中…　Ⅱ.①刘…②韩…　Ⅲ.①农业投资 - 对
外投资 - 研究 - 中国　Ⅳ.①F323.9

中国版本图书馆 CIP 数据核字（2021）第 141908 号

责任编辑：何　宁
责任校对：刘　娅
责任印制：范　艳　张佳裕

中国农业对外投资现状、生产率效应与模式选择
刘乃郗　韩一军　著
经济科学出版社出版、发行　新华书店经销
社址：北京市海淀区阜成路甲 28 号　邮编：100142
总编部电话：010 - 88191217　发行部电话：010 - 88191522
网址：www.esp.com.cn
电子邮箱：esp@esp.com.cn
天猫网店：经济科学出版社旗舰店
网址：http://jjkxcbs.tmall.com
北京季蜂印刷有限公司印装
710×1000　16 开　11.25 印张　180000 字
2022 年 5 月第 1 版　2022 年 5 月第 1 次印刷
ISBN 978 - 7 - 5218 - 2716 - 3　定价：48.00 元
（图书出现印装问题，本社负责调换。电话：010 - 88191510）
（版权所有　侵权必究　打击盗版　举报热线：010 - 88191661
QQ：2242791300　营销中心电话：010 - 88191537
电子邮箱：dbts@esp.com.cn）

前　　言

几经反复修订，这本书终于落定了，其中的主体内容起源于我在博士求学期间的研究方向之一。博士前我的研究学习方向一直是数量金融与股权投资中的行为研究，因为非常偶然的运气进入了国际经济系。结合学校的专业特色和出于对投资行为的研究兴趣，开启了对中国农业对外直接投资的长期观察与思考。无论是事前估计，还是从事后回看，选择这个方向都是给自己设置了一个比较困难的挑战。在国际经济学中，国际贸易与国际金融都已经建立非常成熟的微观规范分析框架与实证研究路径体系，而关于国际直接投资的研究却依然处于相对初级的阶段，对其中微观结构的规范分析和实证探索也尚未突破20世纪八九十年代就已经成型的理论经验认识。

一方面是因为国际直接投资研究最早始于管理学或者说国际商学理论（international business）的研究，国内学界惯常将其与经济学视角下的国际直接投资研究混合在一起，使得从经济学视角出发的规范研究较少受人关注。严格来说，经济学视角下的国际直接投资理论是衍生于国际贸易理论发展历程中的，或者说从一般性国际生产组织理论（International Organization of Production，IOP）的角度来看，无论是国际贸易行为，还是国际直接投资行为，抑或是国际金融中的投资行为，都是国际经济理论中一般均衡框架下厂商在竞争环境中所面临决策权衡（behavior trade off）所产生的决定结果。国际贸易、国际直接投资与国际金融在规范分析上具有非常高的同源性，而这一点较少被既往学界研究所关注。

另一方面是由于能够讨论国际直接投资中微观结构的理论基础，是在21世纪以后才逐渐成型。国际贸易理论经历了从国家同质性向国家异质性转变，从行业同质性向行业异质性转变，从企业同质性向企业异质性转变的漫长历程，基于异质性个体研究在国际经济学界也是近20年才逐渐走入舞台中央，而将其运用于国际直接投资的微观研究理论就更加稀少，即便是在现时比较流行的全球价值链分析中，也很难从规范分析框架中将异质性个体决策的影响纳入。然而从现实角度看，全球投资中的绝大部分都由较少的跨国公司实施，异质性个体决策对于其所属产业国际价值链动态或者说产业结构具有很强的内生影响，如果忽略这种影响，是无法理解现实中的国际直接投资行为的。

习近平指出，要"真研究问题，研究真问题"①。所以越是困难的问题，越是激励我想要试一试。于是在这样的考虑下，我选择了中国农业对外直接投资作为我博士期间的主要研究方向之一，希望能够对中国农业对外投资的微观结构理解起到抛砖引玉的微薄作用。

能够完成整本书，具备着相当层面的偶然因素。尤其是得益于在国际经济学界对于国际直接投资的研究前沿中，从规范分析出发对国际直接投资的微观结构已经具有了一定的讨论，为开展本书的研究提供了起点可能性。随着梅利茨（Melitz）为代表的学者构建起更加成熟的异质性个体一般均衡分析模型，异质性研究开始逐渐占据国际经济学界理论研究的主舞台之一。赫尔普曼、诺基和耶普（Helpman、Nocke and Yeaple）将个体异质性分析推广至包含国际直接投资决策的国际生产组织行为权衡中，尤其是诺基和耶普在整合行业异质性与企业异质性两方面的开创性研究，使得对国际直接投资的微观结构认识更加贴近现实。本书中的大部分经验研究，都依赖于他们开展的系列理论研究认识。

诺基和耶普的开创性研究主要是在2004～2010年形成的，而我是在2015年底才了解到相关理论研究进展。在此之前，尤其是2014～2015年，我针对中国农业对外直接投资的微观结构问题进行了大量思考探索，但始终无法破题，也感到非常苦恼。到2015年底，偶然读到了诺基和耶普的相关研究，才感到了一丝能够坚持做下去的可能性。说来也巧的是，后来我和耶普教授成为了邻居，虽然是需要开车10分钟才能见到的邻居。2016～2017年，我获

① 习近平在中央党校（国家行政学院）中青年干部培训班开班式上发表重要讲话［EB/OL］. 2021 - 09 - 01. http://www.gov.cn/xinwen/2021 - 09/01/content_5634746.htm.

得国家留学基金委的奖学金支持，赴美国宾夕法尼亚州立大学农业经济系做访问博士。到了美国以后，我原想到经济系选修一些高级国际经济理论和高级宏观经济理论课程，于是在教务系统上查询课程设置与教师介绍。直到这时，才发现届时耶普教授就在宾夕法尼亚州立大学任教，这相当于是你追寻了很多年的偶像，结果突然发现就是你的邻居。我果断地选修了耶普教授给博士班开设的高级国际贸易理论。正是得益于我在美访问期间博士指导老师戴维德·布兰佛德教授（David Blandford）和史蒂芬·耶普教授（Steaphen Yeaple）的指导，也得益于国家留学基金委奖学金的支持和宾夕法尼亚州立大学为访问博士提供了非常充分宽裕的研究学习支持，更得益于宾夕法尼亚州全境70%都是森林和湖泊的美丽景致，我对中国农业对外直接投资微观结构的研究突飞猛进，很快就突破了几个核心难点，使得本书的完成具备了初步可能。

从既往学界研究来看，针对国际直接投资的实证研究主要涉及引力效应、投资动因、生产率效应、技术溢出效应、学习效应、贸易效应、文化距离、边境效应、东道国风险等方面。在完成本书时，我也曾考虑过是否将其他方面的研究工作一并纳入，以此完成一本中国农业对外直接投资的微观实证研究合集。经过再三考虑，我还是决定只保留了模式研究这一论题，并将其中规范分析部分去掉，只保留了经验研究部分，以使得本书想要刻画的认识更加简明直观与贴近现实。本书题目中仍有生产率效应，是因为从规范分析理论出发，生产率效应是讨论模式选择的基础，或者说投资模式的行为决策权衡是建立在生产率效应分析基础之上的。简言之，每个企业在开展国际直接投资时，面临着两个决策权衡：一个是投还是不是投，另一个是怎么投及投向哪里或哪个环节。这两个问题汇总起来，形成了影响国际直接投资行为决策的重要内生基础。当然，影响这两个决策权衡的因素是很多的，尤其是还需要涉及内生的价值链结构分析，就使得想要完整地认识这两个权衡问题变得更加困难。

在本书中，我们仅仅是从行业异质性与企业异质性角度，对这两个权衡问题进行了浅显地探索。本书中的模式选择就是两个问题：一个是选择绿地投资还是跨国并购；另一个是选择水平一体化投资还是选择垂直一体化投资。尽管在现实中，绝大多数农业对外直接投资项目往往都是混合体，但依然可以从经济学层面将其决策权衡的起点归纳到这两个一般疑问句所组成的选择矩阵中来。完成这本书，既是我对于浅显探索中国农业对外直接投资微观结构问题的一个起点总结，也是对于过去在路上所获得幸运际遇的记录。

对于理解中国农业对外直接投资问题，本书仅仅是一个朝着微观结构深入的微小碎片，远远无法展现足够广泛的认识。恰恰相反，本书还有很多严重不足，其中部分也可以算作国际直接投资学界研究的普遍不足。例如，在对外直接投资研究中，所使用的数据无一幸免的都是幸存者数据，因为我们无法观察到那些想要开展对外直接投资却因为各种原因最后没有开展投资的更大规模的遗漏样本。希望在下一本书中，我能够在微观结构和价值链结构分析层面，进一步针对中国农业对外投资中的动因问题、学习效应问题、贸易效应问题和国际产业价值链竞争等问题都进行微观结构层面的系统研究，为认识理解中国农业对外投资提供更直观清晰系统的微观结构剖面图。

能够完成这本书，我首先想要感谢我博士期间的两位导师！离开他们的鼎力支持与耐心指导，这本书无论如何也无法完成。

第一位是我的博士生导师韩一军教授，他给我提供了大量的研究指导和实践指导。从我步入中国农业大学求学开始，就随同他参加了国家层面的诸多经贸协定谈判和政策问题研究，也执行参与了亚洲开发银行委托的国际直接投资重大课题与农业农村部关于对外直接投资的"十三五"前期重大课题和规划工作。这让我对现实中的中国农业对外直接投资活动有了大量近距离观察与学习的机会。韩老师还在研究的专注和执着层面给我树立了很高的标杆。起初，这个研究方向也遭到了许多教授和前辈们的反对，因为从既往经验来看，很难从微观结构层面出发认识这个问题。韩老师鼓励我坚持自己的研究，要研究就要下功夫研究别人认为研究不了的问题，尤其是要研究那些尽管很难但具有重要现实价值的真问题，哪怕取得微薄的进展，也具有非常积极的意义。这给予我极大地鼓励，我想这也是他可以在研究工作中取得巨大成就的原因之一。

第二位是美国宾夕法尼亚州立大学的戴维德·布兰佛德教授（David Blandford），在他的指导帮助下，我克服了研究中的多个难点，尤其是他指导帮助我进入了现代经济学微观结构分析的体系之中，深化了我关于将博弈论等微观理论与国际经济学等宏观理论结合开展研究的认识。布兰佛德教授曾长期兼任 OECD 研究部门高级官员，在农产品国际贸易与国际直接投资领域取得了非常巨大的学术成就。布兰佛德教授开发的农产品贸易模型时至今日仍然是美国农业部常用模型之一，美国农业部仍然会每年向其支付知识产权费用。我即将离开宾夕法尼亚州立大学时，他正好度过了在高等学校从事教研工作 40 年的门槛，因此我也向他请教了从事一生教学研究工作的经验，这对我毕业后也选择从事教研工作有不小的裨益。

当然，我还要尤其感谢农业农村部外经中心的冯勇研究员、何君博士、尹燕飞博士、储雪玲博士、刘颐志博士！正是得益于与你们一起共同开展的研究工作，才使得完成这本书具备了从现实中选题、再回到现实中去的研究意义。我还要感谢各部委、各地方政府、各外企、各国际机构组织中曾一起开展中国农业对外直接投资调研的朋友们！正是得益于同你们在一起工作的交流和讨论，才使得本书中的认识更加丰满。

最后，我还要衷心地感谢经济科学出版社的何宁编辑和所有参与本书编校工作的朋友们！离开你们耐心的工作和大力帮助，这本书不会如此顺利。由于我自己在日常工作中也会从事一部分编辑内容，更加深刻地了解每一个作品的产生都包含着编辑老师们的心血，而且封面上没有他们的名字，因此我想对何编辑与各位编辑朋友表示最真挚的感谢！我还要感谢外交学院国际经济学院世界经济专业硕士生吴德钊同学在校稿工作中给予的积极帮助！

希望自己能够永葆初心，真研究问题，研究真问题，通过经济学教研工作帮助更多的人。

刘乃郗

2021 年 10 月 10 日夜，于外交学院沙河校区

目

录

contents

>   >   >   >   > ·   >

第1章 绪论 ··· 1

  1.1 研究背景与意义 ·································· 1

  1.2 研究目标与研究内容 ····················· 11

  1.3 数据来源、研究方法与技术路线 ··········· 14

  1.4 研究创新性 ·································· 18

第2章 文献综述与相关理论回顾 ············· 20

  2.1 中国企业海外投资行为研究文献综述 ······· 20

  2.2 中国农业海外投资研究文献综述 ··········· 35

  2.3 新古典国际投资理论发展进程概述 ········· 38

  2.4 新新国际投资理论前沿进展概述 ··········· 47

  2.5 本章小结 ···································· 53

第3章 中国企业农业对外投资发展现状 ······· 55

  3.1 中国企业农业对外投资的总体历程 ········· 56

  3.2 中国企业农业对外投资的分布特征 ········· 63

  3.3 中国企业农业对外投资的问题与风险 ······· 67

  3.4 本章小结 ···································· 71

第4章 中国企业农业对外投资的生产率效应 ···················· 73

4.1 企业异质性影响开展农业对外投资决策的实证假说 ·········· 74

4.2 实证模型与变量说明 ······································ 75

4.3 数据来源与描述统计 ······································ 81

4.4 实证结果与讨论 ·· 90

4.5 本章小结 ·· 93

第5章 中国企业农业对外投资模式选择：绿地还是并购 ········· 95

5.1 企业异质性影响"绿地—并购"模式选择的理论基础 ········· 95

5.2 实证模型与变量说明 ····································· 100

5.3 数据来源、描述统计与分布特征 ··························· 103

5.4 实证结果与讨论 ··· 109

5.5 本章小结 ··· 113

第6章 中国企业农业对外投资模式选择：水平还是垂直 ········· 115

6.1 企业异质性影响"水平—垂直"模式选择的理论基础 ········· 116

6.2 实证模型与变量说明 ····································· 122

6.3 数据来源、描述统计与分布特征 ··························· 124

6.4 实证结果与讨论 ··· 129

6.5 本章小结 ··· 140

第7章 结论与启示 ··· 142

7.1 研究结论 ··· 142

7.2 政策启示 ··· 146

7.3 有待进一步研究的问题 ··································· 149

参考文献 ·· 152

第 1 章

绪　　论

1.1　研究背景与意义

1.1.1　研究背景

1. 中国企业农业对外投资①发展具有紧迫性与必要性

当前中国农业发展面临严峻内忧外患，加快中国企业农业对外投资发展具有紧迫性与必要性。

第一，中国是一个人均资源稀缺国，农产品需求尤其是粮食需求的不断增长，对中国农业的供给能力、可持续发展与粮食安全提出了挑战。

进入 21 世纪以来，一方面中国粮食等大宗农产品的工业用量快速增长；

---

① 本书中所使用术语"农业对外投资"意即"农业对外直接投资"，书中所涉术语"海外投资"与"对外直接投资"具有等同界定，且在本书实证研究的样本中不包含中国企业通过国外涉农金融市场行为，如大宗农产品期货及衍生品交易而获利的"对外间接投资"行为。此外，由于对外直接投资的英文表达，在既往英文文献中包括"Outward Foreign Direct Investment，OFDI""Outward Direct Investment，ODI""Oversea Direct Investment，ODI"三种表述形式，本书统一使用"ODI"一种缩写代表。

另一方面随着中国居民平均收入水平提升引起食物消费结构升级，饲料用粮增长更加显著。中国是一个人多地少的国家，1996年人均耕地为1.93亩，而到了2015年人均耕地仅为1.35亩，不及世界平均水平2.91亩的一半①。1995年中国粮食贸易的贸易顺差为0.198亿吨，而到了2017年变为贸易逆差1.278亿吨②（其中，2017年中国粮食进口1.306亿吨，出口0.028亿吨）。其中大豆进口增长尤为显著，加入世界贸易组织以后中国大豆关税逐步下调至3%，造成当前中国85%以上的大豆需求依赖于国际进口，2017年大豆进口0.955亿吨③。根据陈锡文在2014年提出的一个产出资源参考的计算标准，按照中国目前每8亩地可生产1吨大豆计算，进口大豆相当于利用了国外至少7.64亿亩的播种面积。而2017年中国粮食进口总量1.306亿吨（其中，大豆累计进口0.955亿吨，稻米累计进口0.040亿吨，小麦累计进口0.044亿吨，玉米累计进口0.028亿吨），等于实际利用海外耕地9亿亩以上。而中国国内耕地面积约为20.27亿亩④，这表明中国每年粮食进口代表的需求缺口，所需耕地几乎接近中国国内一半的耕地面积。在20世纪90年代，莱斯特·布朗（Lester Brown，1994）就曾指出随着中国国民消费结构的升级，肉类食品消费扩大将使得中国在30年后面临严峻的粮食安全问题。而柯布（John B. Cobb，2015）在其报告中表示，由于中国人均草场资源远低于美洲与澳洲国家，而通过肉类食品供养1个人所需的粮食消耗，等同于直接通过粮食供养10个人的粮食消耗，因而一个肉类食品消费适度的中国可以养活中国，而一个肉类食品消费过度的中国将面临严峻的粮食安全挑战。

第二，随着国民经济的快速发展，国内农业生产成本迅速攀升，大宗农产品国内价格普遍高于国际市场与进口到岸完税价格，而当前运用的支持与补贴政策已经触及世界贸易组织（WTO）框架下"微量允许"政策的天花板，中国农业国际竞争力受到严重制约，农业产业安全面临着严峻风险。

中国粮棉油糖种植成本均快速上升。2001～2014年，中国小麦平均种植成

---

① 世界银行数据库。
②③ 中国海关进出口数据统计。
④ 2015年4月22日国土资源部发布的《2014中国国土资源公报》。

本由 57.39 元/百斤上升至 105.6 元/百斤，棉花平均种植成本由 318.58 元/百斤上升至 900.38 元/百斤，食糖平均种植成本由 7.67 元/百斤上升至 19.45 元/百斤，大豆平均种植成本由 86.25 元/百斤上升至 193.37 元/百斤。① 中国各主要批发市场与港口进口农产品完税价仍低于中国国内产品价格，仅以 2013 年 8 月～2014 年 8 月为例，小麦平均价差为 312 元/吨、棉花平均价差为 3 071 元/吨、大豆平均价差为 402 元/吨、蔗糖平均价差为 512 元/吨。② 国外大规模农业种植的低成本，加上广泛使用农业成本价格保险作为"绿箱"补贴政策，致使中国当前配额内滑准税制度基本失效，即便是 65% 的关税税率仍然难以扭转当前价差局面，严重威胁中国国内粮棉油糖等大宗农产品产业安全。

在这样的内忧外困之下，加快中国企业农业对外投资发展具有紧迫性与必要性。

2. 中国企业农业对外投资发展正迎来全新时代机遇与挑战

随着农业全球化的不断加深，全球农业海外投资正在经历新的转变，中国农业在全球农业体系中角色日益显著，中国政府对农业国际化发展重视度日益提高，中国企业农业对外投资发展正迎来全新的时代挑战与机遇。

第一，全球农业投资快速增长，以跨国并购为主的全球农业产业链与价值链的新整合竞争，逐渐替代了过去以绿地投资为主的全球农业资源竞争，中国企业农业对外投资迎来新的时代挑战。

2003～2016 年，全球农业绿地投资在震荡中保持稳定趋势。③ 如图 1-1 所示，全球农业土地资源投资在经历了高峰后进入了蛰伏期，以全球农业

---

① 农业农村部贸易促进中心农业产业监测数据库。

② 小麦价格数据来自农业农村部小麦产业经济研究中心；棉花价格数据来自中国棉花网；大豆价格数据来自国家粮油信息中心；食糖价格数据来自昆明市、甸尾村、湛江市、南宁市、柳州市五大蔗糖批发市场以及珠江三角洲地区到港进口蔗糖批发的公开数据。

③ UNCTAD 数据库（http：//unctad. org/en/Pages/DIAE/FDI% 20Statistics/FDI - Statistics. aspx）。所有年度值由三个指标加总得到，包括：农林渔业（agriculture, forestry and fishing）、食品饮料与烟草（food, beverages and tobacco）、木材种植加工（wood and wood products）；事实上，纺织服装业也与农业密切相关，不过由于其与制造业的关系更为紧密，并没有被包含在内；此外，由于生物能源等数据无法从新兴能源指标中分离得到，也没有被包含在内。

资源为目标的农业绿地投资已经逐渐让出全球农业投资的首要位置。

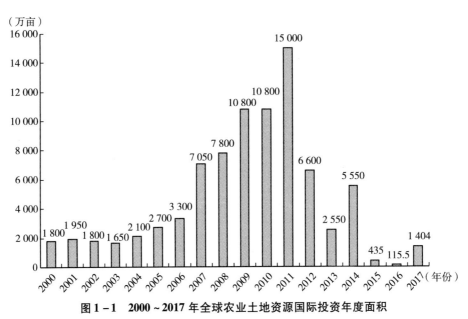

图1-1 2000~2017年全球农业土地资源国际投资年度面积

资料来源：LandMatrix 数据库。

而与此相比，2003~2016 年全球农业投资中跨国并购交易额呈现出快速上涨态势，全球农业价值链的新整合竞争正在成为国际农业投资的新主题。如图 1-2 所示，全球农业并购在 1990~2010 年的 20 年间呈整体增长的趋势。2010~2016 年交易额呈较高水平并于 2016 年大幅度增加；而观察其中五年移动平均线，1990~2016 年呈现高速增长态势，2016 年由于食品饮料行业的巨额（2015 年的 5 倍）并购达到新高。其中，1990~1999 年，总交易额为74 685 百万美元；2000~2009 年间，总交易额为 245 341 百万美元。而 2010~2014 年的 5 年间总交易额就已达 226 923 百万美元，2016 年又创历史新高，大约是既往 20 多年中最高点的 2.5 倍。而近 5 年来，以拜耳公司并购孟山都公司、陶氏化学公司并购杜邦公司、中国化工集团公司并购先正达公司为代表，全球农业跨国巨头彼此间通过并购强强联合的趋势愈演愈烈，国际农业产业链竞争已进入了更加激烈的新阶段。

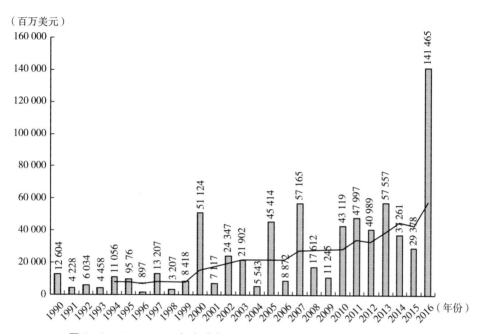

（百万美元）

图 1 - 2　1990～2016 年全球农业并购年度交易额与五年移动平均线

资料来源：UNCTAD 数据库。

　　第二，中国农业在全球农业体系中角色日益显著，中国政府对农业国际化发展重视度日益提高，中国企业农业对外投资迎来新的时代机遇。

　　随着中国经济的快速增长，农产品生产与消费规模飞速增长。截至 2017 年，中国粮食进口总量占全球粮食贸易总量的 35%（参考 2016 年全球粮食贸易总量 3.84 亿吨，根据联合国及粮食农业组织（FAO）预测 2017 年全球粮食贸易总量将达 3.9 亿吨），其中，中国大豆进口占据了全球大豆贸易总量 80% 以上。与此同时，根据 FAO 数据库计算得到 2009～2016 年，中国食品与供食用的活动物进口增长了 263.3%，年均复合增长率达 22.7%。中国正在成为世界新的农产品消费与贸易高地。

　　此外，近 10 年来中国企业农业对外投资蓬勃发展，大宗跨国并购案例层出不穷，中国企业在国际农业产业链整合竞争中也开始布局发力。从 2005～2017 年，中国企业海外农业大宗投资（交易金额超过亿美元）达 109 项，总交易金额达961.8亿美元（见图1-3），其中中国化工集团公司并购瑞士先正达公司一项交易金额就达430亿美元，即其余108项大宗投资交易金额覆盖了剩余的531.8亿美元，单个项目交易金额均值达4.92亿美元。2005~2017年，中国企业海外农业大宗投资（交易金额超过亿美元）区域分布情况如图1-4所示。

与此同时，中国农业海外投资，在政策引导支持层面已具有较长的发展历史。1979年国务院颁布了十五项经济改革措施，其中第十三项明确规定"允许出国办企业"，拉开了中国企业对外直接投资的序幕。2002年党的十六大报告提出"要合理利用两个市场，两种资源，全面提高对外开放水平"。2006年，商务部、农业部和财政部联合发布了《关于加快实施农业"走出去"战略的若干意见》，正式确立了农业"走出去"战略，开拓新的资源和市场，统筹利用两个市场、两种资源，支持到境外特别是与周边国家开展互利共赢的农业生产和进出口合作。2015年《中共中央国务院关于加大改革创

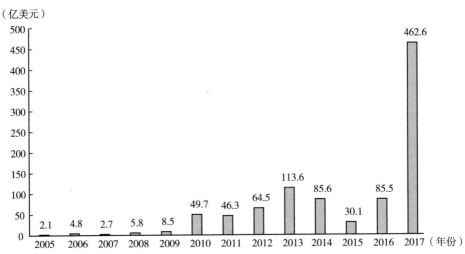

图1-3　2005~2017年中国企业海外农业大宗（亿美元级）投资交易年度金额

资料来源：中国全球投资追踪数据库。

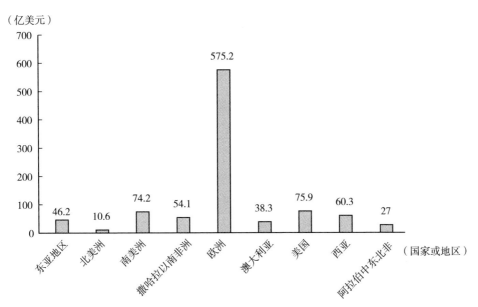

图 1 – 4　2005～2017 年中国企业海外农业大宗（亿美元级）投资交易金额区域分布

资料来源：中国全球投资追踪数据库。

新力度加快农业现代化建设的若干意见》更明确指出，中国农业正面临着"五个重大"，要求"加快培育具有国际竞争力的农业企业集团，提高统筹利用国际国内两个市场两种资源的能力"。2018 年《中共中央、国务院关于实施乡村振兴战略的意见》提出要"构建农业对外开放新格局；积极支持农业走出去，培育具有国际竞争力的大粮商和农业企业集团"。而随着中国企业自身实力不断提升，逐步完成初级资本、人才与技术经验积累，中国企业农业对外投资正迎来新的时代机遇。

3. 既往针对中国企业农业对外投资的研究大部分仍为宏观层面的定性描述

目前缺少基于微观层面的实证研究与基于国际投资理论前沿进展（企业

异质性与国际生产组织①）的思考，难以支持为政府与企业提出具有针对性的建议。

目前对于中国企业农业对外投资的研究大部分仍为宏观定性描述（翟雪玲、韩一军，2006；陈前恒等，2009；王秋香、陈伟，2011；翟雪玲、张雯丽，2013；程国强、朱满德，2014；尹豪等，2015；王芳等，2015；徐雪高、张振，2015；马述忠、潘伟康，2015；王永春等，2015；陈秧分等，2015）。在仅有的少量实证研究中（喻燕，2011；陈伟，2012，2014），也都停留在基于传统贸易引力模型扩展的影响因素分析对宏观层面的数据进行的研究。总体来看，既往研究中缺乏对于中国企业农业对外投资的微观实证研究。

此外，既往研究中对于中国企业农业对外投资乃至中国企业海外投资，均较为缺乏基于近十年国际投资理论前沿进展（企业异质性与国际生产组织）的思考。在当代国际贸易领域的新新贸易理论中引入了对企业异质性（以生产率为代表）与其出口行为选择的关系研究（Melitz，2003），随后赫尔普曼等（Helpman et al.，2004）进一步将国际直接投资的行为选择纳入框架，形成了从企业异质性角度理解出口行为与对外直接投资行为选择的研究范式（HMY 模型②）。在此之前，赫尔普曼（1984），佩里（Perry，1989），马库森和维纳布斯（Markusen and Venables，1998）很早就已经发展了关于企业在建立跨国公司时采取垂直一体化还是水平一体化的选择研究模型，并且由马库森和马库斯（Markusen and Markus，2001）与赫尔普曼（2012）总结为 HPM 模型③。在此之后有部分学者进一步参考梅里兹（Melitz，2003）与赫尔普曼等（2004）的研究框架，根据国际直接投资的模式差异，发展了

---

① 国际生产组织，由国际经济学英文文献中的术语"organization of international production"或者"international production organization"翻译而得，其界定范畴包括国际贸易、国际投资等一切有关跨境（cross-border）的企业国际化行为。使用这一概念旨在将国际贸易与国际投资均看作企业的国际化行为选择来展开讨论。

② 与该领域文献惯例一致，本书中"HMY 模型"也特指赫尔普曼、梅里兹和耶普尔（2004）所建立的理论模型。

③ 分别是赫尔普曼（1984）与佩里（1989）关于垂直一体化跨国公司的决定因素研究，马库森和维纳布斯（1998）及马库森与马库斯（2001）关于水平一体化跨国公司的决定因素研究，包括技术外部性、交易成本尤其是国际价值链中的资产专有性（如敲竹杠问题）、市场势力以及不完全信息下的风险等。为了方便起见，参考部分英文文献惯例，在本书中我们将上述关于企业国际投资在水平垂直一体化维度上的研究理论框架称为 HPM 模型。

从企业异质性角度解释不同的企业，在绿地投资与跨国并购行为之间的选择理论模型（Nocke and Yeaple，2004；2007；2008 and Stepanok，2012），在独资与合资行为之间的选择理论模型（Cieślik and Ryan，2009）。尤其是 NY 模型①将企业全要素生产率为代表的一致性在跨境流动性维度上进一步进行结构分析，对于理解跨国公司的国际投资行为具有重要启发。随后刘和布兰福德（Liu and Blandford，2017）基于 HMY 与 NY 模型的混合推论，以及结合赫尔普曼（2012），对企业异质性如何影响海外投资模式选择的理论推论进行了进一步拓展。目前，已有许多学者针对 HMY 与 NY 模型的结论在不同国家的企业层面进行了实证检验（Arnold and Sarzynska‑Javorcik，2005；Girma and Gorg，2003；Arnold and Hussinger，2005；Yeaple，2005；Hijzen et al.，2006；Schiffbauer，2009；Wakasugi and Tanaka，2009；Chen and Moore，2010；Kox and Romagosa，2010；Steibale and Trax，2011；Kalkbrenner，2010；Byun et al.，2012；Raff et al.，2012；Spearot，2011；Oberhofer and Praffermayr，2012；Engel and Procher，2012；Shepherd，2014；Wagner，2014；等）。由此，从企业异质性角度来认识企业国际生产组织行为，已成为当代国际经济学前沿进展的一个重要领域。

与此同时，国内也有很多学者对此领域也进行了研究探索，但是仅有少部分学者基于 HMY 模型的结论针对中国企业的国际化行为进行了实证检验，包括两个方面：一是企业异质性与出口贸易（李春顶，2009；余淼杰，2010；2012；戴觅、余淼杰，2012；孙黎，2012；李志远、余淼杰，2013；袁东等，2015；等）；二是企业异质性与对外直接投资选择，如田巍和余淼杰（2012，2013）、王方方和赵永亮（2012）、戴翔等（2013）分别以浙江、广东和江苏 3 省为例，利用微观企业层面数据，从企业异质性角度考察了中国企业是否开展对外直接投资的选择行为。国内的大部分实证结果均支持 HMY 模型的经典结论，但是这并不完全是理论模型所预期的。在对 HMY 的实证检验中，也存在着部分的相反结果，即国际贸易投资领域的麦敦勒悖论（或者叫生产率悖论，即生产率较低的企业反而更多的开展出口或者对外投资）（Head and

---

① 与该领域文献惯例一致，本书中"NY 模型"特指诺克和耶普尔（Nocke and Yeaple，2007；2008）所建立的理论模型。

Ries，2003；Chang and Van Marrewijk，2013；戴觅、余淼杰，2014；余淼杰，2008，2015）。而刘军（2014），余淼杰、李晋（2015）、韩剑（2015）的研究也发现梅里兹（2003）与 HMY 模型的经典理论结论可能会在不同的行业中表现出差异。因此对各产业进行单独的研究就显得非常必要。在分产业讨论层面，目前除了针对制造业的研究较多以外，仅有刘军（2014）对中国的服务业进行了企业层面的实证研究，而针对中国企业农业对外投资的相关实证研究仍然是空白。事实上，根据诺克和耶普尔（2007；2008）的理论模型结论，在不同的产业中，由于开展跨国竞争所需要的要素集中类型与核心竞争优势的流动性不同，HMY 的结论也会在不同产业领域中产生差异，或者说 HMY 理论分析框架仅是在异质性角度考察企业国际生产组织行为的起点。然而，国内文献更是鲜有基于 HMY 模型之后新的理论前沿进展的思考与实证研究。而且国内的研究也缺少结合既往国际经济学中关于国际直接投资理论研究的 HPM 模型（Helpman，1984；Perry，1989；Markusen and Venables，1998；Markusen and Markus，2001）。而本书试图在 HMY – NY – HPM 模型之间建立起一条基于企业异质性视角的脉络，对中国企业农业对外投资模式选择展开深入的讨论，以弥补既往针对中国企业农业对外投资行为研究文献的不足。

1.1.2　研究意义

1. 本书具有一定学术层面的边际创新意义

由研究背景可知，既往针对中国企业农业对外投资的研究大部分仍为宏观层面的定性描述，缺少基于微观层面的实证研究与基于国际投资理论前沿进展（企业异质性与国际生产组织）的思考。本书基于中国企业农业对外投资的微观样本数据，核心基于 HMY 模型、NY 模型与 HPM 模型理论假说的联合推理结论出发，参考近十年国际投资理论与实证前沿进展文献的研究，从企业异质性角度出发，对中国企业农业对外投资模式选择的内在机制进行了深入研究与讨论，增加了基于微观层面针对中国企业农业对外投资的实证文献，加深了中国企业农业对外投资模式选择行为的理论认识。此外，本书还在研究中通过数据清洗与整理丰富了中国企业农业对外投资的数据库资料。综上所述，本书具有一定学术层面的边际创新意义。

2. 本书具有一定现实层面的实践参考意义

由以上研究背景可知，进入 21 世纪以来，中国企业农业对外投资发展具有一定的紧迫性与必要性，而且正迎来崭新的时代挑战与机遇。从企业的国际生产组织行为角度出发，通过企业异质性视角，对中国企业农业对外投资行为展开深入的理论与实证研究，有利于加深认识当前中国企业农业对外投资模式选择行为的分布特征与内在机制，有利于理解和讨论中国农业国际化、中国企业农业对外投资发展的选择，以及为从政府和企业层面分别应如何更好地利用海外投资途径更好地实现农业国际化与提升国际竞争力等实践目标提供一定参考建议。综上所述，本书具有一定现实层面的实践参考意义。

1.2　研究目标与研究内容

1.2.1　研究目标

研究的总体目标是：对中国企业农业对外投资项目在"绿地投资—跨国并购"与"水平型—垂直型"两个维度层面的分布特征形成直观认识；实证检验以"全要素生产率跨境流动性为内涵与企业核心能力跨境流动性为外延"的企业异质性，产业环节的行业异质性，与投资所在东道国的国家异质性，对中国企业农业对外投资项目在两种维度上的模式选择是否具有影响，并讨论中国企业农业对外投资模式选择的内生机制，总结开展农业对外投资的中国企业类型与海外投资战略发展目标类型；对中国企业农业对外投资微观数据库与微观实证文献形成补充，为进一步相关研究与政府企业实践，提供参考建议。

具体包括以下五个研究目标。

第一，通过文献综述与理论联合讨论，针对企业异质性如何影响中国企业农业对外投资模式选择（两种维度）的内在机制展开理论分析与提出推论假说。

第二，从企业全要素生产率与产权属性两种异质性特征出发，实证检验中国企业农业对外投资行为是否符合 H-M-Y 模型（Helpman，Melitz and Yeaple，2004）的理论预期？为进一步检验"企业异质性对中国企业农业对外投资模式选择的影响，是否符合我们关于其内在机制所建立的理论框架结论预期"，提供前提基础支持。

第三，对基于第一种维度的中国企业农业对外投资模式选择（绿地投资与跨国并购选择），是否满足我们根据 H-M-Y 模型与 N-Y 模型（Nocke and Yeaple，2007）进行理论联合推理得到的理论假说，进行实证检验。具体来说，企业异质性、行业异质性与国家异质性是否影响中国企业在开展农业对外投资时在绿地投资与跨国并购之间的模式选择？

第四，对基于第二种维度的中国企业农业对外投资模式选择（水平型投资与垂直型投资），是否满足我们分别根据 H-M-Y 模型、N-Y 模型与 H-P-M 模型（Helpman，1984；Perry，1989；Markusen and Venables，1998）进行理论联合推理得到的理论假说，进行实证检验。具体来说，企业异质性、行业异质性与国家异质性是否影响中国企业在开展农业对外投资时在水平型国际直接投资与垂直型国际直接投资之间的模式选择？以及中国企业农业对外投资，在绿地投资与跨国并购之间的模式选择，与其在水平型国际直接投资与垂直型国际直接投资之间的模式选择，是否具有相关性？

第五，在上述研究目标中，通过企业异质性视角对中国企业农业对外投资模式选择的内在机制进行深入讨论，更加直观清晰地反映中国企业参与农业全球化进程中企业国际生产组织行为选择的内在机制，为如何使中国企业农业对外投资健康发展，提供参考建议。

1.2.2　研究内容

本书包括以下五部分主要研究内容。

1. 国内外文献综述与相关理论回顾

针对国内外国际直接投资理论发展与前沿进展，企业国际直接投资行为实证研究，中国企业对外直接投资的研究文献，与企业异质性与国际直接投资的相关理论文献，进行综述性回顾。为后续章节的研究展开奠定理论预期基础、研究角度与实证方法参考。

2. 中国企业农业对外投资发展历程梳理与特征认识

对中国企业农业对外投资发展历程与现状进行描述，顺便对中国企业农业对外投资项目数据库进行清洗与整理，对中国企业农业对外投资分布特征形成直观性整体认识，为后续章节开展实证研究奠定基础。

3. 中国企业农业对外投资是否满足 HMY 模型理论预期的实证检验

基于 HMY 模型（Helpman，Melitz and Yeaple，2004）的理论预期，提出中国企业农业对外投资行为的推论假说。基于中国企业农业对外投资项目数据库，结合中国工业企业数据库的面板数据，对中国企业农业对外投资是否满足 HMY 模型的理论预期，进行实证检验。这一检验不仅是对中国企业农业对外投资行为的直观认识，也是保障后续两部分核心章节中理论假说与实证检验具有有效性的必要前提。

4. 中国企业农业对外投资在第一个维度上的选择：绿地投资还是跨国并购

基于对 NY 模型（Nocke and Yeaple，2007）均衡分析中理论预期的成因进行深入讨论，以及结合 HMY 模型的理论预期，将两者联合起来针对中国企业农业对外投资在绿地投资与跨国并购之间的模式选择，提出推论假说。基于中国企业农业对外投资项目数据库，结合世界银行《全球营商环境报告》（Doing Business）数据库中各国投资营商环境的面板数据，对企业异质性、行业（产业环节）异质性与国家异质性，是否影响中国企业农业对外投资在绿地投资与跨国并购之间的模式选择，开展实证检验。这一检验不仅是对中国企业农业对外投资在第一个维度上分布特征与内生机制的直观认识，也是保障下一部分核心章节中理论假说与实证检验具有有效性的必要前提。

5. 中国企业农业对外投资在第二个维度上的选择：水平型还是垂直型国际直接投资

基于对 HPM 模型（Helpman，1984；Perry，1989；Markusen and Venables，1998）经典理论预期的深入认识，并在 HMY 与 HPM 模型两者联合基础上，针对中国企业农业对外投资在水平型国际直接投资与垂直型国际直接投资之间的模式选择，提出推论假说。随后基于中国企业农业对外投资项目数据库，结合世界银行数据库中东道国部分变量的面板数据，对此推论假说，即企业异质性、行业（产业环节）异质性与国家异质性，是否影响中国企业农业对外投资在水平型国际直接投资与垂直型国际直接投之间的模式选择，开展实证检验。并进一步结合 NY 模型的理论预期，对 HPM 模型理论预期的成因进行了再认识，在 NY 模型与 HPM 模型的联合基础上，针对中国企业农业对外投资在水平型国际直接投资与垂直型国际直接投之间的模式选择，是否与其在绿地投资与跨国并购之间的模式选择具有相关性，提出推论假说，并进行实证检验。

1.3 数据来源、研究方法与技术路线

1.3.1 数据来源

本书中实证研究所使用的微观数据来自三个方面：

第一，根据商务部 2016 年发布的《境外投资企业（机构）备案结果公开名录》中的中国企业海外投资项目信息，从中手动筛选出海外经营业务涉及农业及关联产业的项目信息，并基于各项目相关网络搜索信息与参考既往文献中的界定方法，对其中关键变量缺失值进行补充，最终形成了"中国企业农业对外投资项目数据库"。初始样本筛选得到 3 588 个项目，占原目录约 28 000 个项目的 12.8%。在实际开展实证研究时，由于部分项目无法在所有关键变量上实现有效匹配，因此实际开展实证检验中的有效项目样本数量都在 3 100~3 500 个。

第二，根据中国工业企业数据库的企业面板数据，经过整理与数据清洗得到了中国工业企业数据库 1998~2013 年的全样本数据库（共计 420 多万条企业样本观察值），从中根据涉农企业行业代码筛选出所有涉农企业在 16 年间的样本观察值共 43 万多个，用于在部分实证研究中与"中国企业农业对外投资项目数据库"进行匹配。

第三，根据世界银行常规数据库与 Doing Business 数据库（包括 190 多个国家 1961~2016 年的反映其投资营商环境指数的 30 多个变量面板数据库），获得了中国企业农业对外投资所涉东道国在 2005~2016 年的东道国特征与投资影响环境特征面板数据，用于在部分实证研究中与"中国企业农业对外投资项目数据库"进行匹配。

1.3.2　研究方法

1. 理论分析法

在本书中，我们利用了既往关键理论的联合与递进分析。首先通过理论回顾，以及通过经典文献中的理论预期的深入讨论，并将各个理论预期联合起来，得到了一些单个理论所无法产生的理论预期推论，由此对中国企业农业对外投资在企业国际生产组织行为这一更深层面的脉络，进行了深入且具体的分析，并结合实践中的经济学直觉与直观现象，推论得到了适用于实证认识针对中国企业农业对外投资模式选择特征与内生机制的理论性假说。其次，通过这些理论假说的逐层次递进，以逐渐靠近中国企业农业对外投资行为认识的更深层面。

2. 计量分析法

基于所欲实证检验的理论推论假说，分别建立估计方程，参考既往文献，分别针对不同问题采取了六种计量模型进行估计：随机效应面板 Logit 模型、加入固定效应的 Logit 迭代重加权最小二乘模型、固定效应面板 Logit 模型、有序（Ordered）Logit 模型、泊松（Poisson）回归模型、普通 Logit 模型。其中，随机效应面板 Logit 模型与加入固定效应的 Logit 迭代重加权最小二乘模型用于对中国企业农业对外投资是否符合 HMY 模型理论预期提出的假说进行实证检验；而普通 Logit 模型用于对中国企业农业对外投资是否符合基于 HMY 与 NY 模型联合推论提出的假说，即企业异质性、行业异质性与国家异质性对中国企业在绿地投资与跨国并购之间模式选择的影响，进行实证检验；Ordered Logit 模型和 Poisson 回归模型用于对中国企业农业对外投资是否符合基于 HMY 与 HPM 模型联合推论提出的假说，即企业异质性、行业异质性与国家异质性对中国企业在水平型与垂直型国际直接投资之间模式选择的影响，进行实证检验；固定效应面板 Logit 模型用于对 NY 模型与 HPM 模型的联合推论假说，即中国企业在水平型国际直接投资与垂直型国际直接投资之间的模式选择，是否与其在绿地投资与跨国并购之间的模式选择具有相关性，进行实证检验。

1.3.3 研究技术路线

本书的研究技术路线图如图 1 - 5 所示。

如图 1 - 5 所示，第一，本书对相关文献与理论进行回顾与综述；第二，对中国企业农业对外投资发展的相关数据进行了筛选与清洗，据此对中国企业农业对外投资发展特征进行了描述，并为后续实证研究奠定数据基础；第三，根据 HMY 模型的理论预期，基于企业异质性视角提出了关于中国企业

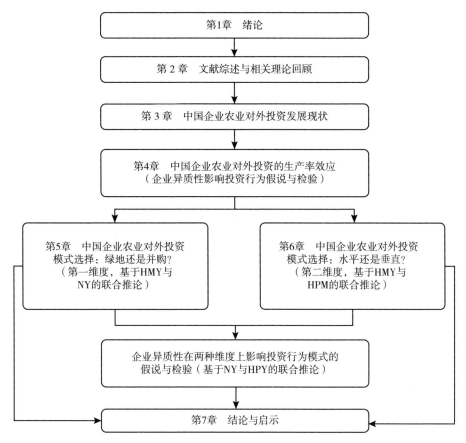

图 1 – 5 本书的研究技术路线

选择开展农业对外投资行为的理论假说,并进行了实证检验,为后续更为关键的实证研究奠定了理论与实证可靠性基础;第四,联合 HMY 模型与 NY 模型的理论预期,对中国企业农业对外投资在第一维度(绿地投资与跨国并购)上的模式选择分布特征与内生机制,基于企业异质性视角提出了理论假说,并进行了实证检验;第五,联合 HMY 模型与 HPM 模型的理论预期,对中国企业农业对外投资在第二维度(水平型与垂直型国际直接投资)上的模式选择分布特征与内生机制,基于企业异质性视角提出了理论假说,并进行了实证检验;第六,联合 NY 模型与 HPM 模型的理论预期,对中国企业农业对外投资在两个维度上的模式选择的相关性及其内生机制,基于企业异质性视角提出了理论假说，并进行了实证检验；第七，根据以上理论讨论与实证研究结果进行研究结论总结并提出政策启示。

1.4 研究创新性

1. 研究选题

由文献综述可知，针对中国农业海外投资的既往研究，大多数以宏观层面的定性描述与案例研究为主，仅有少量基于省级或国家级面板的中观实证研究，缺少基于企业与投资项目层面的微观实证研究，致使对中国农业海外投资的发展认识不够直观具体，中国农业海外投资未来发展的判断缺少基础素材，且相关支持政策也较为粗略笼统。本书通过基于 3 588 个中国企业农业对外投资项目层面的微观样本数据库，对既往文献形成了一定程度上的边际补充，从企业行为层面直观展示了中国农业海外投资发展的特征及其内生机制，为中国企业农业对外投资未来发展判断提供了基础素材，并为相关政策制定与企业实践提供了一定参考。

2. 研究视角

在既往针对中国企业海外投资的实证研究中，绝大部分都是基于以邓宁（Dunning）国际直接投资一般周期理论与四动因假说展开的，少部分是从新新贸易理论中企业异质性视角出发的文献，涉及了中国企业在海外投资中的生产率、学习效应、融资约束、贸易效应等问题，但缺少从企业海外投资模式选择角度开展的实证研究。究其原因，是在海外投资模式选择角度缺少可以直接进行实证的理论预期假说。本书中，参考国外国际经济学文献中国际直接投资理论研究的前沿进展，基于企业异质性视角，从企业国际生产组织行为为多重约束下的权衡这一核心脉络，同时联合 HMY 模型、NY 模型与 HPM 模型的理论预期，联合推论得到了可进行实证检验的理论预期假说，对中国企业农业对外投资的模式选择分布特征及其内生机制给予了显著的认识与理解，具有一定的边际贡献。

3. 数据资料

在中国农业海外投资发展的既往研究中，由于缺少微观数据致使缺少实证文献。在本书中，我们通过商务部发布的 1983～2016 年《境外投资企业（机构）名录》中筛选得到 3 588 个中国企业农业对外投资项目（中小项目），与美国企业研究所 2005～2017 年"中国全球投资追踪（CGIT）数据库"中的 109 个中国企业海外农业大型投资项目（大型值交易金额超过 1 亿美元），形成了对中国农业海外投资发展的微观数据资料，对未来相关研究起到了一定数据资料层面的边际贡献意义。

第 2 章

文献综述与相关理论回顾

2.1　中国企业海外投资行为研究文献综述

在过去几年中，中国海外投资规模迅速增长，年度流量由 2007 年的 265.06 亿美元增长至 2015 年的 1 456.67 亿美元[①]，年均复合增长率达 23.74%，且自 2015 年中国成为资本净流出国与世界第二大海外投资输出国。与此同时，针对中国企业海外投资的研究数量越来越多，研究角度越来越丰富，研究主题也逐渐与国际直接投资领域的前沿进展接轨。总体上，从 CSSCI 论文数量上来看（见图 2 - 1），1998 ~ 2017 年，关于中国企业海外投资研究直接相关[②]的 CSSCI 论文一共 287 篇，呈逐年上升趋势，这一研究论题逐渐获得我国经济学者越来越多的关注。

---

① 资料来源：国家统计局数据库，http：//data. stats. gov. cn/easyquery. htm？cn = C01。
② 在本书中，由于我们将重点放在基于中国企业层面的海外投资研究论题上，因此仅使用"企业"与"海外投资"关键词进行搜索，这也是"直接相关"的内涵所指。事实上，关于中国企业跨国投资与经营的研究文献并不仅限于此，但由于诸多有关论题并不是本书关注的重点，因此将其忽略。

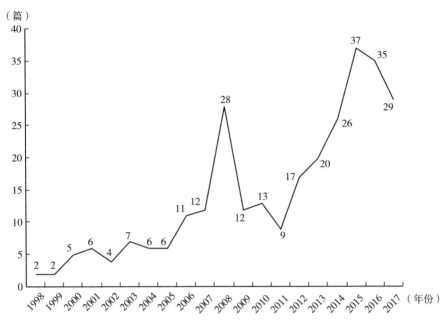

图 2－1　1998～2017 年关于中国企业海外投资研究的 CSSCI 论文数量

资料来源：CNKI 期刊论文库。

　　从研究议题上来看，中国企业海外投资研究的热点是随着国际贸易理论与国际直接投资理论的发展而不断革新的，主要经历了三个阶段：第一，1998～2006 年以海默（Stephen H. Hymer）关于垄断优势、巴克莱（Buckley）和卡森（Casson）的内部化理论、维农（Raymood Vernon）关于生命周期、小岛清（Kiyoshi Kojima）关于边际产业迁移的论述、邓宁（Dunning）的国际生产折衷理论共同汇聚而成的古典国际直接投资理论（以下简称"古典"），用于解释中国企业海外投资行为的理论初探阶段；第二，2007～2010 年立足于以邓宁提出的国际直接投资路径理论以及在古典国际直接投资理论基础上汇聚而成的四个动因假说为代表的新古典国际直接投资理论（以下简称"新古典"），对中国企业海外投资的整体行为进行的实证研究初级阶段；第三，2011 年至今基于多种角度（包括企业异质性）对中国企业海外投资的个体行为进行更全面认识的实证研究多样化阶段。

　　与第三阶段相比前两个阶段均属于基于企业同质性视角出发的研究，与本书选题最相关的主要是第三个阶段，即从多种角度（包括企业异质性）出发对中国企业海外投资行为的多样化实证研究。下面针对中国企业海外投资研究的发展历程按照这三个阶段分段进行文献综述。

2.1.1　理论初探阶段（1998～2006 年）

在这一阶段中的研究论文，主要是应用古典国际直接投资理论对中国企业海外投资的开展现状与问题进行定性讨论与分析的。其最早文献可以追溯至阮重晖（1998）的论文，其基于邓宁的国际生产折衷理论（也称为 OLI 理论），利用中国对外经济贸易年鉴中对外投资区位分布数据，对中国企业海外投资行为是否符合邓宁的"所有权（ownership）、内部化（internalization）和区位（location）"三个要素优势假说进行了定性讨论。此后，樊五勇（1999）从古典国际贸易理论出发（关税规避、世界生产最优化与规模优势），对中国企业的跨国经营与投资行为进行了认识，讨论了中国企业走向国际化的必然性与约束条件。再之后，黄维梁（2000）第一次较为全面地基于东道国特征要素（市场、经济体量、生产要素、基础设施、制度环境与金融环境等方面）出发讨论了我国服务业企业开展海外投资的区位选择与模式选择策略，其可以看作对广义的引力模型的一个定性分析应用；而杨忠（2000）则基于古典国际直接投资理论对我国国有企业海外投资的现状与问题进行了讨论。李雪欣（2002）利用英国中资企业调查数据与基于双寡头博弈模型的古诺均衡分析，对我国企业海外投资中的市场寻求与贸易壁垒规避等主要动因进行了讨论；而上官学进和胡凤玲（2003）特别针对中国的中小企业在开展海外投资时的动因进行了讨论；之后，尹作敬和刘缉川（2005）第一次利用邓宁关于国际直接投资的四动因假说定性讨论了我国企业海外投资的动机存在性，并针对发展中国家企业开展海外投资缺少 OLI 优势的约束提出了相应建议。张为付（2006）第一次立足于对古典国际投资理论进行综合性评述，来认识中国企业海外投资行为的区位与路径选择。

此外，在这一阶段的研究论文中，除了应用经典国际直接投资理论，也有少部分成果利用其他国际直接投资相关理论来认识中国企业海外投资行为。

宓红（2003）利用小规模技术理论讨论了中国民营企业开展海外投资的优势与约束。冉光和、李敬和万丽娟（2006）立足于使用粗糙集方法来定义中国企业海外投资的动机的基础上，设计了针对中国企业开展海外投资的 13 个指标的变权重综合绩效评价体系。谢冰和胡美林（2006）从产业集群理论出发，讨论了我国高新技术企业如何嵌入国际高新技术产业群，以便同时获得集群优势与更好的区位优势。

2.1.2 实证研究初级阶段（2007～2010 年）

在这一阶段中，针对中国企业海外投资的研究逐渐过渡到了基于企业层面的实证研究，但其开展实证的主要经济学依据仍然是来自与新古典国际投资理论的相关经验假说与启示，并且仅力图描述中国企业海外投资行为的整体特征，缺少基于企业异质性的认识与讨论。这一阶段的研究主要围绕着以下三个方面展开。

1. 海外投资的动因

张为付和武齐（2007）基于我国企业海外投资的国别、行业与投资主体分布数据，采取描述统计的方式系统性讨论了我国企业海外投资的动因分布，认为我国企业海外投资主要还是由于贸易规避动因，缺少 OLI 要素优势，且受到国家推动影响显著；而代中强（2008）使用我国企业海外投资的省际面板数据，通过固定效应与随机效应模型发现垄断优势、规避贸易壁垒与经济发展水平可以解释我国企业海外投资的行为，而小规模技术优势、技术地方化优势与策略型海外投资并不能解释我国企业海外投资行为；此外，刘阳春（2008）基于 87 份企业问卷的数据，通过实证分析发现全球经济一体化、市场寻求、战略性资产寻求、自然资源寻求与克服贸易壁垒均为中国企业海外投资的动因。

2. 海外投资的绩效评价

衣长军和苏桔芳（2008）使用 1982～2006 年中国海外投资数据与 1995

年国家外汇管理局通过全国调查获得的 2 202 个中国企业海外投资项目数据，对中国海外投资的宏观经济效应与微观绩效进行了评价，并从多方面综合评价结果来看未来中国海外投资主体应当是民营企业；而班博和任惠光（2008）在商务部 2002 年公布的企业海外投资综合绩效评价指标基础上，分别针对市场寻求、效率寻求、资源寻求与技术寻求的动因提出了不同的评价重点，构建了更有针对性的财务绩效指标与非财务绩效指标体系；此外，李泳（2009）利用中国商务部样本企业数据库与国家统计局调查总队的调查数据，采取二阶差分方法（difference in difference，DID）对中国企业海外投资中的产出增长与技术进步效应进行了测度与评价，发现在该两项效应上，企业在不发达国家投资反而比在国内投资要低，而在发达国家投资在一年期内技术进步效应显著，而在发达国家投资的产出增长效应要在投资后第三年才较为显著；当然绩效评价也不仅包括对企业的微观绩效评价，还包括对宏观层面的影响评价，如陈立敏等（2010）利用 2003～2009 年中国对 26 个主要国家的进出口与直接投资数据进行面板模型估计发现，中国企业海外投资对出口贸易具有显著促进作用，即具有显著的贸易效应。

3. 其他影响因素

古广东（2008）采用协整分析与误差修正模型，使用1984～2006 年的年度数据估计了中国的海外投资与出口贸易的关系，认为二者存在长期均衡关系；张为付（2008）利用 1995～2006 年的国家数据，通过普通最小二乘法（OLS）发现产品贸易出口规模、国内生产总值、民营经济比重与政府支持力度均对我国企业海外投资有正向显著影响，而人民币汇率、产品贸易进口规模、产品出口反倾销案件与出入境人员次数均对我国企业海外投资存在负向显著影响；阎大颖等（2009）利用 2006～2007 年商务部统计的中国企业海外投资项目情况与中国工业企业数据库进行匹配得到的企业面板数据，发现政府政策扶植、海外关系资源与融资能力对企业海外投资的动机与选择有重要影响，并且分别针对贸易寻求、资源寻求、效率寻求与技术寻求型海外投资的影响程度各有不同；而在企业开展海外投资的模式问题上，李平和徐登峰（2010）基于 132 份企业问卷，采取 Logistic 模型分析发现技术优势与公司国际化程度对于采取跨国并购模式具有负向影响，而东道国资本发展水平对采取跨国并购模式具有正向影响，而文化距离与产业壁垒则没有影响。

2.1.3 实证研究多样化阶段（2011 年至今）

随着以异质性企业贸易理论为代表的新新贸易理论在国内逐渐成为关注的热点，这一时期的中国企业对外直接投资研究主流也转向基于企业层面数据出发的多角度实证研究阶段，主要包括以下六个方面。

1. 基于企业生产率异质性（HMY 模型假说）的实证研究

近年对外直接投资理论的前沿进展试图通过企业异质性来解释对外直接投资的选择与行为模式，重新从新新贸易理论角度来审视国际生产组织。同样基于"临近—集中权衡"的分析范式，赫尔普曼等（2004）在梅里兹（2003）将企业异质性纳入国际贸易的分析框架基础上，进一步使用企业异质性来考察企业参与国际生产组织的行为选择，发现生产率最高的企业才会采取对外直接投资方式，而生产率次之的企业则会采取对外出口，而生产率最低的企业会服务于本国国内市场。学界将这一结论称之为 HMY 假说，由此引起了国际上从企业异质性角度出发考察企业对外直接投资的理论与实证研究热潮，如诺克和耶普尔（2007）进一步扩大了 HMY 假说的内涵，从企业异质性角度建立了考察企业对外直接投资模式选择的理论模型（NY 假说），以及大量的对 HMY 与 NY 假说进行验证的实证研究成果等。

尽管国内从企业生产率异质性角度对我国企业对外直接投资的研究在 2011 年才开始逐渐流行起来，但是最早的文献却可以追溯到 2008 年。张天顶（2008）通过将异质性引入企业进入国际市场的模型分析，并将企业研发（R&D）作为内生变量，发现贸易成本与海外设立公司的固定成本增加分别会提高进入的生产率门槛水平，并且发现技术跨境转移成本越高，企业越倾向于选择出口贸易，而反之则倾向于选择对外直接投资。此后，刘淑琳和黄静波（2011）基于中国上市企业的数据，发现 HMY 假说对于中国企业成立，即开展对外直接投资的企业全要素生产率要显著优于出口企业和仅在国内销售的企业，并且开展对外直接投资具有显著的学习效应。这是国内研究者第一次使用中国企业数据来验证 HMY 假说，此后基于中国企业生产率异质性的对外直接投资研究如雨后春笋般出现在主流期刊上。我们将这些相关论文进行了梳理，合并如表 2-1 所示。

表 2-1　　　　国内学者关于 HMY 模型理论预期的实证检验梳理
（截至 2017 年）

作者（年份）	资料来源	是否支持HMY 假说	其他扩展结论
王方方和赵永亮（2012）	广东省企业对外直接投资数据	是	东道国位于亚洲地区时，全要素生产率对对外直接投资选择的影响更为显著，而企业全要素生产率越高则投资的东道国越多
田巍和余淼杰（2012）	浙江省制造业对外直接投资数据	是	生产率越高的企业对外直接投资量越大，而东道国收入水平对企业投资决定没有显著影响
肖慧敏和刘辉煌（2012）	2000~2010 年中国企业在 118 个国家建立的 1 051 家子公司数据	是	在 HMY 假说的基础上，加入了与地理距离相关的中间投入品运输与增加的固定成本函数，地理距离与企业生产率的门槛值正相关，存在随机的自我选择机制，使得生产率越高的企业更有可能投资距离较远、市场需求较小的东道国
汤晓军和张进铭（2013）	2010 年中国制造业百强企业微观数据	是	与全要素生产率的影响相比，国有产权属性对对外直接投资决定的促进影响更大
陶攀和荆逢春（2013）	2003~2007 年中国工业企业数据库与商务部境外投资企业名录匹配	是	企业生产率越高，其投资的东道国越多，而东道国市场规模越大、生产成本越低或贸易成本越高，前往投资的中国企业生产率阈值越低
蒋冠宏和蒋殿春（2013）	中国服装纺织与鞋帽类企业财务信息与对外直接投资活动数据	是	东道国收入水平对前往投资企业的生产率没有显著选择性，而前往东道国落地生产型企业要比贸易型企业生产率更高，以及投资目的国多的企业并不存在比投资目的国少的企业生产率高

续表

作者（年份）	资料来源	是否支持 HMY 假说	其他扩展结论
严兵、张禹和韩剑（2014）	2005～2007 年江苏省制造业企业对外直接投资的数据	是	资本密集度与企业规模对全要素生产率对对外直接投资决定的影响有显著正向调节影响，且生产率与资本密集度越大的企业对外直接投资额越大
李蕾和赵忠秀（2015）	1999～2010 年沪深上市企业数据	否	对外投资企业的资本劳动比、员工受教育程度、企业运营成本、行业内竞争程度与市场占有率均对其生产率有正向影响，而企业规模、国家所有权水平均对其生产率具有负向影响，并且发现投资到发达国家会使得企业生产率降低的反一般理论假设的现象
蒋冠宏（2015）	中国工业企业数据库的数据	是	投资高收入东道国的企业生产率并不一定高，开展对外直接投资的国有企业并不一定具有比其他类型企业更高的生产率，生产率越高的企业越有可能进行技术研发类投资

注：由于表 2－1 所有文献中均采用 Logit 回归方法进行实证估计，因此在表中省略了实证方法说明。

2. 关于学习效应的实证研究

在企业异质性贸易理论与 HMY 假说中，企业生产率越高的企业拥有越大的概率开展对外直接投资，但与此同时也存在一定逆向选择的内生性，即企业有可能通过开展对外直接投资提高了企业自身的生产率，国内学者多将其称为学习效应（learning effect，或称为逆向技术溢出效应[①]，spillover）。中国企业开展对外直接投资是否具有学习效应，我们将针对这一问题的研究文献梳理并合并，如表 2－2 所示。

[①] 由于学习效应不仅包括技术进步与研发创新层面带来的生产率提升，在此使用学习效应似乎要比逆向技术溢出效应更为合适，但是在国内相关文献中对两者概念均没有进行精确区分，因此本书中将其看作同一概念。

表 2 - 2　　　国内学者关于对外直接投资中学习效应的实证检验梳理

（截至 2017 年）

作者（年份）	资料来源	实证方法	是否存在学习效应	其他扩展结论
田巍和余淼杰（2012）	浙江省制造业企业对外直接投资数据	工具变量与 Logit 回归	否	无
肖慧敏和刘辉煌（2014）	2005～2011 年中国工业企业数据库与境外投资企业名录匹配	倾向得分匹配法	是	中国企业对外直接投资具有显著的学习效应，且投资于发达国家的企业比投资于发展中国家的效率改进收益更高，而民营企业相对于国有企业拥有更强的学习能力
毛其淋和许家云（2014a）	2004～2009 年中国工业企业数据与商务部境外投资名录匹配	倾向得分匹配法	是	开展对外直接投资对企业创新有逐年递增的持续促进作用，并且总体上延长了企业创新的延续期，但是不同类型的对外直接投资对企业创新的影响与持续期影响均存在显著性差异
蒋冠宏和蒋殿春（2014b）	2004～2006 年 761 家对外直接投资企业与其对照组	数据匹配法，二阶差分模型（DID）	是	开展对外直接投资显著提升了企业生产率，但提升作用随时间推移逐渐降低，此外技术获取型投资不能显著提升企业生产率，并且东道国经济发展水平对企业生产率提升有显著影响
齐亚伟（2016）	2005～2007 年中国工业企业数据库与境外投资企业名录匹配	倾向得分匹配法	是	中国企业对外直接投资存在显著的学习效应，并且持续研发投入的企业对外直接投资的学习效应更为显著，而投资东道国为发达国家时学习效应更显著

续表

作者（年份）	资料来源	实证方法	是否存在学习效应	其他扩展结论
叶娇和赵云鹏（2016）	2005～2007年中国工业企业数据库与境外投资企业名录匹配	倾向得分匹配法	是	企业开展对外直接投资促进了生产率增长，具有正的逆向技术溢出效应，且企业研发投入与利润率对这种学习效应有正向促进影响，但对于不同行业与投资不同地区的企业，这种学习效应的显著性存在差异
袁其刚和樊娜娜（2016）	2005～2011年中国工业企业数据库与境外投资企业名录匹配	基于倾向得分匹配的DID	是	我国企业对外直接投资显著提升了企业生产率，第一次海外投资在发展中国家投资对企业生产率提升幅度更大，第二次投资由发展中国家转向发达国家，对企业生产率提升幅度更为显著
毛其淋和许家云（2016）	中国工业企业数据库和海关贸易数据	倾向得分匹配法	是	我国企业对外直接投资可以显著提升企业加成率，其中投资高收入国家与研发加工型对外直接投资对企业加成率的提升作用更大
邱立成、刘灿雷和盛丹（2016）	中国工业企业数据库和海关贸易数据	倾向得分匹配法	是	无
杨平丽和曹子瑛（2017）	2003～2011年中国工业企业数据库和境外投资企业名录匹配	基于倾向得分匹配的DID	否	开展对外直接投资显著降低了商贸服务类和当地生产类投资的企业利润率，这种负面影响可以持续3～5年后仍然为负，但其中对技术研发类和资源开发类投资企业的利润率影响不显著，此外对发达国家的投资显著降低了企业利润率，而对发展中国家投资对企业利润率影响不显著

3. 关于贸易效应的实证研究

企业开展对外直接投资具有一定的贸易效应，国内学者也针对这一问题开展了较多的基于企业层面的实证研究。张燕和谢建国（2012）基于2003～2008年中国制造业企业对外直接投资与出口数据的实证分析，发现贸易成本降低会使国内企业倾向于以出口替代对外直接投资，而东道国收入水平与研发水平对国内企业开展对外直接投资决定影响不显著；蒋冠宏和蒋殿春（2014a）利用2005～2007年1 498家对外直接投资企业微观数据，使用DID方法实证分析，发现中国企业对外直接投资促进了企业出口，且市场寻求型投资对企业出口促进最大，而当东道国收入水平较高时出口促进效应更显著，此外还发现开展对外直接投资的企业出口促进效应往往先上升后下降呈现倒"U"形；毛其淋和许家云（2014b）利用中国工业企业数据库和海关贸易数据库进行匹配，发现对外直接投资不仅提高了企业出口占销售比例，同时提高了企业出口的概率；杜威剑和李梦洁（2015）利用2001～2006年中国海关数据库、对外直接投资企业名录与工业企业数据库进行匹配，采取倾向得分匹配变权估计法，发现企业开展对外直接投资会带来出口产品的升级；乔晶和胡兵（2015）利用2005～2009年中国工业企业数据库与境外投资企业名录进行匹配，采取DID方法，发现商贸服务型对外直接投资具有显著的出口促进效应；杨平丽和张建民（2016）运用2004～2009年中国45 600家工业进出口企业数据，与海关贸易数据及境外投资企业名录匹配，采取倾向评分匹配方法检验了对外直接投资的贸易效应，发现中国企业对外直接投资显著促进了出口，对进口的影响不显著，但其中投资到发展中国家的各种贸易效应均不显著。

4. 关于融资约束的实证研究

融资约束是影响企业开展对外直接投资决策与行为的一个重要因素，国内学者也针对这一问题主要从两个方面开展了研究。

一是直接考察融资约束对企业对外直接投资决策与行为的直接影响。李磊和包群（2015）采用中国工业企业数据库与境外投资企业名录进行匹配，考察了融资能力对开展对外直接投资决定的影响，发现融资能力对开展对外

直接投资决定、投资项目数与投资东道国数量均有显著正影响；王碧珺等
（2015）采用浙江省制造业生产和对外直接投资的微观数据，运用 Heckman
两阶段模型检验了融资约束对中国民营企业对外直接投资决定的影响，发现
融资约束限制了民营企业开展对外直接投资的可能性以及海外投资规模的扩
张，并且这种负面影响针对不同类型的对外直接投资又具有差异性；邱立成
和刘奎宁（2016）基于中国工业企业 2004～2007 年数据，运用 Probit 模型对
融资能力的异质性对企业对外直接投资倾向的影响进行了检验，发现内外部
融资能力都与对外直接投资概率具有显著正相关性，其中内部融资能力与商
业信用融资能力对私营企业对外直接投资倾向具有显著正相关性，而对国有
企业和外资企业并不具有显著影响，并且对非出口企业具有显著正影响，但
是对出口企业影响不显著；王忠诚等（2017）基于 2007～2015 年清科数据库
与国泰君安上市企业数据库进行匹配，对融资约束与融资渠道对企业对外直
接投资的影响进行了检验，发现商业信用与银行贷款相互作用对企业对外直
接投资具有显著的促进效应，银行贷款成本是抑制企业对外直接投资的关键
因素。

二是间接考察融资约束对其他变量影响企业对外直接投资决策与行为的
调节作用。刘莉亚等（2015）通过 1997～2011 年中国沪深股市上市企业面板
数据，检验了融资约束与对外直接投资行为的关系，发现融资约束显著限制
了企业的对外直接投资能力，但是全要素生产率越高越能缓解这种融资约束
的影响；冀相豹（2016）使用中国工业企业数据库与境外投资企业名录匹
配得到的数据集发现了融资约束对中国企业对外直接投资具有显著负影响，
但这种影响随着企业所有制不同而存在差异，其中对国有企业影响不显著，
但对非国有企业对外直接投资决策具有显著抑制；罗军（2017）使用中国
工业企业数据库与温州商务局发布的境外投资企业名称匹配得到的数据集，
采用门槛模型发现融资约束与企业开展对外直接投资对技术创新促进的差
异化影响，其中投资东道国为发达国家时，对外直接投资对企业技术创新
的促进较大，融资约束对技术创新没有显著影响，但投资东道国为发展中
国家时，对外直接投资对技术创新的促进作用较小，而融资约束会显著阻
碍技术创新。

5. 关于影响母国就业与工资的实证研究

耶普尔（2005）将就业与工资纳入异质性企业贸易理论框架中，讨论了异质性企业进入国际市场对母国就业与工资的影响。这一思路被迅速扩展到国际直接投资领域，国内也有部分学者针对中国企业对外直接投资对我国就业与工资的影响开展了实证研究。蒋冠宏（2016）利用 2005～2007 年 1 016 家开展对外直接投资的工业企业数据，采用马氏距离匹配与 DID 方法检验了对外直接投资的就业效应，发现中国企业对外直接投资显著促进了本国的就业增长，其中商贸服务类投资以及东道国为发达国家时对外直接投资的促进作用更为显著；戚建梅和王明益（2017）基于 2002～2007 年的中国工业企业数据库和境外投资企业名录匹配的合并数据，考察了对外直接投资对我国企业间工资差距的影响，验证了对外直接投资对我国企业间工资差距存在动态非线性影响，此外还发现在对外直接投资 1 年后对工资差距的影响不显著，但在对外直接投资 3 年后，工资差距显著扩大；此外，李宏兵等（2017）利用中国工业企业数据库与境外投资企业名录进行匹配，采取倾向得分匹配法和 DID 检验了对外直接投资的就业极化效应，发现对外直接投资总体上增加了国内劳动力就业，但相对于中等技术企业，对外直接投资对高技术和低技术企业的就业提升影响更为明显，即存在"两端高、中间低"的极化现象，而且这种极化趋势当投资东道国为高收入国家时更为显著。

6. 其他角度的实证研究

除了以上五个方面以外，在国内学者围绕中国企业对外直接投资展开的实证研究中，还有一些角度的研究虽然很少，但正在逐渐成为国外国际直接投资领域前沿的热点，也值得我们关注。

第一，进一步从企业异质性角度讨论企业开展国际直接投资模式的选择，从企业异质性角度重新审视企业如何参与国际组织生产。诺克和耶普尔（2007）将企业开展对外直接投资的模式选择纳入异质性企业参与国际组织生产的模型框架中，讨论了企业异质性本质对企业选择何种对外直接投资模式的影响；部分参考诺克和耶普尔（2007）得到的假说与结论，周茂等（2015）采用 2002～2012 年中国工业企业数据库与商务部发布的《境外投资企业（机构）名录》进行匹配，验证生产率对中国企业海外投资模式的关系，发现生产率越高的企业越倾向于选择并购模式，而企业的知识资产跨国流动性对生产率影响对外直接投资模式具有选择效应，且企业管理能力越强就越倾向于选择并购模式。

第二，国有产权属性对企业开展国际直接投资的影响。针对国有产权属性对我国企业对外直接投资行为的影响，国际上已有较多研究（Buckley et al.，2007；Song，Yang and Zhang，2011；Cui and Jiang，2012）。国内学者对此也有所讨论，汤晓军和张进铭（2013）使用 2010 年中国制造业百强企业微观数据，发现全要素生产率对企业对外直接投资决定有显著正影响，但与此相比，企业的所有制性质影响更为显著，国有企业在对外直接投资方面具有更多优势；而肖慧敏和刘辉煌（2013）采取中国上市公司数据针对国有属性与对外直接投资选择的关系研究，却得出了相反的结论，即国有属性对企业开展对外直接投资有显著负影响；造成这种差异的可能性来自样本的自选择问题，前者研究中的样本为中国制造业百强企业，其忽略了大部分生产率较高但中小规模的民营企业，因而得出了与后者差异的实证分析结果。

第三，从双边经贸关系、高管背景、政府干预与产能过剩等角度开展的实证研究。宗芳宇等（2012）使用 2003～2009 年中国上市企业对外直接投资数据，发现双边投资协定的存在能够促进企业到该东道国进行投资，并且双边投资协定能够弥补东道国国际直接投资（FDI）管理制度的缺失，当东道国为制度环境较差的签约国时，双边投资协定对企业前往开展投资的促进作用更大；刘洪铎和陈和（2016）在异质性企业贸易理论模型的基础上加入了双边贸易成本，利用 2000～2007 年中国工业企业数据库与境外投资企业名录匹配的数据，采取条件 Logit 模型检验了双边贸易成本对中国企业对外直接投资的影响，发现双边贸易成本的上升显著降低了企业对外直接投资的概率，与经典临近集中权衡理论模型预期结论并不相符。张娆（2015）通过 2003～2013 年沪深 A 股上市企业数据，发现高管具有境外背景时，企业具有更大概率开展对外直接投资且具有更好地对外直接投资绩效，而高管境外背景中工作背景要比学习背景的影响更为显著。姜广省和李维安（2016）基于 2003～2013 年沪深非金融上市企业数据，检验了政府干预对企业对外直接投资的各种影响，发现政府干预对企业对外直接投资的决定行为与投资数量都有显著的负影响，但是对开展对外直接投资企业的投资绩效具有正影响。温湖炜（2017）利用倾向得分匹配法为2005～2009年中国对外直接投资的工业企业建立对照组，采用DID方法考察对外直接投资能否缓解企业的产能过剩，发现企业开展对外直接投资可以显著降低产能过剩指数，其中属于过剩行业的企业开展对外直接投资对产能过剩的缓解作用更突出，以及投资东道国越多的企业对其产能过程的缓解越显著。

7. 中国企业海外投资行为研究文献小结

尽管国内关于中国企业对外直接投资的研究取得了非常丰富的成果，但仍然存在不足，主要有以下三个方面。

第一，重复性研究过多，创新仍然不足，跟进国际投资理论前沿进展不足。国内有许多研究几乎完全参考国际直接投资领域前沿重点文献的核心思路，换一套中国企业数据重新做一遍实证，如仅核心思路参考巴克利等（Buckley et al.，2007）对中国企业对外直接投资动因的研究就占到动因相关研究的一半以上，而参考赫尔普曼等（2004）检验HMY假说与学习效应的实证文献，占据了国内关于异质性企业对外直接投资研究文献的2/3以上。而缺少从国际生产组织尤其是国际投资理论前沿进展出发的实证研究，更缺少面向企业海外投资模式选择的针对性研究，具有一定局限性。

第二，数据库来源有限，在既往研究中，绝大部分都采取了基于《中国工业企业数据库》与商务部发布的《境外投资企业（机构）名录》进行匹配作为数据来源（阎大颖等，2009；宗芳宇等，2012；张燕、谢建国，2012；葛顺奇、罗伟，2013；陶攀、荆逢春，2013；肖慧敏、刘辉煌，2013；蒋冠宏、蒋殿春，2013，2014a，2014b；肖慧敏、刘辉煌，2014；毛其淋、许家云，2014a，2014b；周茂等，2015；杜威剑、李梦洁，2015；李磊、包群，2015；乔晶、胡兵，2015；蒋冠宏，2015；齐亚伟，2016；叶娇、赵云鹏，2016；袁其刚、樊娜娜，2016；冀相豹，2016；邱立成、刘奎宁，2016；毛其淋、许家云，2016；杨平丽、张建民，2016；刘洪铎、陈和，2016；邱立成等，2016；戚建梅、王明益，2017；杨平丽、曹子瑛，2017；温湖炜，2017；李宏兵等，2017）。然而在这两个数据库的匹配中会丢失大量的对外直接投资企业样本，能匹配上的企业样本占对外直接投资企业名录中的企业样本仅约为 9%，因而使得刻画中国企业在开展对外直接投资中的行为特征具有一定局限性。

第三，对同样数据来源的数据处理方法参差不齐。尽管大部分文献都使用了相近的数据来源，然而由于不同作者对于相同数据库的数据清洗与处理却差异较大，加上数据库本身存在一定的数据缺陷，以至于出现了在不同文献中，采用了同样的数据库和实证框架却得出不同的结论，如田巍和余森杰（2012）与杨平丽和曹子瑛（2017）两篇文献中关于学习效应的研究结论，与其他采取相同数据样本与方法文献中得到的研究结论方向相反。

2.2 中国农业海外投资研究文献综述

目前对于中国企业农业对外投资的研究大部分仍为宏观定性描述（翟雪玲、韩一军，2006；陈前恒等，2009；王秋香、陈伟，2011；翟雪玲、张雯丽，2013；程国强、朱满德，2014；尹豪等，2015；王芳等，2015；徐雪高、张振，2015；马述忠、潘伟康，2015；王永春等，2015；陈秧分等，2015；刘乃郁等，2017），主要从促进中国农业对外直接投资发展的国家需求与面临的海外风险挑战等方面进行了论述。

在仅有的少量实证研究中（喻燕，2011；陈伟，2014），也都停留在基于传统贸易引力模型扩展的影响因素分析对宏观层面的数据进行的研究。其中，喻燕（2011）采用因子分析与模糊综合评价法，发现粮食安全、贸易保护、生物燃料、金融资本投机是中国企业海外耕地投资的影响因素；宋洪远等（2012）通过数据描述统计，发现经济发展水平、外汇储备、中国农业的全球化水平、技术条件的成熟度是影响中国农业海外投资发展的重要影响因素。

此外，陈伟（2014）根据邓宁国际投资一般周期理论的延伸，基于梅里兹（2003）、田巍（2012）、余森杰（2013）的研究将国际投资一般周期阶段的递进看作是该产业在国际产业中的生产率进步成果，基于中国农业海外投资的宏观时序数据，利用工具变量广义矩估计发现中国农业生产率的进步是中国农业海外投资发展的关键因素，与异质性贸易理论关于生产率的结论一致，且规避出口贸易壁垒动机较为显著，目前中国农业海外投资以市场寻求型为主，即主要为服务农产品贸易扩张。

而汪晶晶等（2017）基于838家企业设立的994家境外农业企业，对中国农业对外直接投资的区位选择影响因素进行实证研究，发现东道国农业自然资源、市场潜在规模、东道国经济法律制度均对吸引中国农业对外直接投资有正向影响，东道国农业外资开放度、农产品贸易依赖度、地理距离也具有显著影响。

刘乃郗、张明（2015）基于邓宁（1994；2012）的对外直接投资四动因假说，对中国农业对外直接投资的动因进行了讨论。发现效率动机并不是中国企业开展农业对外直接投资的主要动机。我国农业企业对外直接投资的主导动因是自然资源获取型，如有大量的农业对外直接投资项目是为了获取更丰富经济的自然资源而在东南亚与东北亚等地屯田，或在大洋洲开展草场经营，而涉足农产品深加工、精加工的项目相对较少。但是它们同时也具有效率获取的动机特征，对于农业生产来说自然资源对投入要素成本具有直接影响，例如，有许多大型养殖公司在海外大面积种植牲畜草料，再利用海运贸易回程中往往存在货仓闲置的便利将种植购买的草料运回，以降低国内的养殖业生产成本。

而针对我国企业对外直接投资中战略性资产动机如技术获取型占比较高的现象，王碧珺、黄益平（2013）提出一个国际直接投资的生命周期假说，认为一国在国际投资发展初级阶段时，会以获取技术性战略资产为典型特征（如当今的中国），然后过渡到成本效率型（如20世纪中叶的"亚洲四小龙"），最后进入市场份额型（如当今的美国）。然而，这种假说与我国农业对外直接投资的现实并不相符，我国农业企业对外直接投资较少投资种子、农药化肥、农业机械、农业信息化自动化等产业链中高技术环节，这主要源于两个主要原因。

一是农业生产技术经验的适用性与工业服务业的普适性不同，需要与不同地域的自然、地理、气候与生态、社会环境相适应，农业技术往往并非放之四海皆准，依靠直接投资获取新技术未必能创造显著的效益或附加值。

从自然适应性的角度来看，不同的生态环境对国外农业技术经验具有直接制约。如过去我国棉花种植中棉虫是个难题，只能依靠大量使用农药。引进转基因作物之后起初棉虫数量的确大幅下降，但是近年来在部分地区却不断引发新的难题。棉虫数量下降后，生物多样性遭到破坏，以及转基因育种带来的棉花产量大幅上升，都促使原来一种并不显著且被生态链自然限制的虫害如今变得极其显著，结果需要使用的农药比原来除去棉虫的更多（文佳筠，2011）。

从社会适应性的角度来看，我国农村发展的大环境与国外不同，同样制约了国外农业技术经验在我国的适用性。如室内农业、都市农业乃至规模农业的国际经验对于解决我国当前农业内忧外困的问题并不能起到固本正源的作用。我国农业发展的需求并不同于荷兰、法国高度专业化且大多数农场可以处于产业链高附加值末端的发展模式，我国需要解决的首要问题是占世界近 1/4 人口的吃饭问题，而不能简单地以追求高附加值农业为主要目标。我国农民占据人口数量的主体，农业生产也以小农经济为主，不同于美国、巴西地广人稀可以采用高度机械化的大规模农场模式，以效率和成本为导向的大型农机并不符合我国大部分地区以精度和循环为导向的机械化需求。

二是在部分农业核心技术领域我国并不落后于发达国家，相反在世界上居于领先水平，如粮棉耕作模式、种子研发、生物能源技术等方面。美国加州全州的水稻产量，仍不足我国江浙地区三四个产粮大县的总产量，我国的水稻单产为东南亚及北美地区的两倍以上。这促使我国农业企业开展对外直接投资往往并不存在这方面的技术引进需求，相反我国农业企业开展对外经济合作时，如果涉及技术性资产输出或逆向技术溢出可能性，则需要经过许多严格审批。这些原因都导致我国农业企业虽然热衷去发达国家参观学习先进经验，而对依靠对外直接投资获取技术资产存在犹豫。但是随着我国农村改革进一步深化，规模化种养更加成熟，我国农业产业结构升级与转型对先进农业技术经验的需求将变得更加强烈，我国农业企业对外直接投资以技术获取为动机的逆向型投资项目数量也会逐渐增长。

综上所述，总体来看在既往研究中缺乏对于中国企业农业对外投资的微观实证研究，更是鲜有基于国际投资理论前沿进展从企业异质性角度考察中国企业农业对外投资的研究文献。而本书正可以填补这一文献空白。

2.3　新古典国际投资理论发展进程概述

国外针对企业海外投资行为（尤其是模式选择）的相关研究和理论回顾主要包括两个方面：一是脱胎于国际商务管理学①与新古典国际贸易理论的新古典国际投资理论的发展进程；二是脱胎于国际经济学前沿尤其是新新国际贸易理论的新新国际投资理论②前沿进展。我们将这对两部分分别进行文献综述。

新古典国际直接投资理论主要包括两大方面的经典理论脉络体系，从企业行为视角可以将其分为：第一，"企业为何开展国际直接投资"，即企业开展国际直接投资的动因；第二，"企业去哪里开展国际直接投资"，即企业开展国际直接投资的区位选择。因此，我们将从这两个方面对新古典国际直接投资理论的脉络体系进行概略性的梳理。

2.3.1　企业开展国际直接投资的动因

企业开展国界直接投资的动因，回答了"企业为何开展国际直接投资"的问题。在既往大部分文献中，都将斯蒂芬（Stephen H. Hymer, 1960）关于企业开展国际直接投资以获取垄断优势的论文作为国际直接投资理论的起点，然而事实上关于国际直接投资的研究讨论从关于国际贸易的研究开始时就已经触及，而关于国际直接投资动因的讨论也从 20 世纪初就有所涉及，随着时代的进步而不停地被更新，直到邓宁（1994）将企业开展国际直接投资的动因归纳起来，并最终成为现今较为流行的企业开展国际直接投资的四个动因

---

① 国际商务管理学的说法，源自英文文献广泛将国际投资理论的根植土壤（embedded in）分为"international business"与"international economics"，我们将前者称为国际商务管理学，而后者则是经济学领域的国际经济学。

② 本书中的"新新国际投资理论"，是相对于国际经济学文献中惯例使用的"新新国际贸易理论"，意指源生于"新新国际贸易理论"的国际投资理论前沿进展。

假说（Buckley，2007；Buckley and Cross，2008；Dunning，2012；Huang and Wang，2013）：市场寻求型、自然资源获取型、效率获取型（降低成本提高利润）、战略性资产获取型（技术与先进经验获取）。当然，并不是说这四个方面都是完全独立的，它们彼此之间也具有相互交融或者说互相影响的关系，然而为了表述方便，我们下面分别基于四个方面对国际直接投资理论的发展历程进行描述。

1. 市场寻求型

企业开展国际直接投资的最常见动因之一就是寻求开发新的市场，然而新的市场需求并不等于就可以推论出企业会开展对外直接投资，最直接的反例是企业也可以通过国际贸易来实现新的市场开发。从这个层面而言，企业会采取对外直接投资来实现市场开发，至少是因为国际贸易的路径相比对外直接投资的路径而言更不划算或者更不通畅。事实上，沿着赫克歇尔—俄林理论（H－O）（Hecksher，1919；Hecksher and Ohlin，1924）的要素比例理论（factor proportion theory），施托普勒和萨缪尔森（Stopler and Samuelson，1941）证明了产品价格的变化对要素价格的变化具有放大效应，或者说某一商品价格上升会使得该商品中密集使用的要素成本收益提高。而在此研究基础上萨缪尔森（1949）进一步将其归纳为要素价格均等化定理，证明了在要素密集度不会发生逆转时，商品贸易会使商品价格均等化，进而使要素价格均等化，或者某种意义上来说，商品贸易可以成为要素贸易的完全替代，由此通常将更新后的 H－O 理论称为 H－O－S 理论。由此可知，企业完全可以通过商品贸易来实现国际市场的开发，而不需要采取对外直接投资的方式。而促使企业采取对外直接投资路径实现市场开发目标的因素主要源于国际商品市场中存在关税与非关税贸易壁垒。

在现实中，关税与非关税贸易壁垒都可能导致企业通过国际贸易寻求市场开发遭遇更高的成本或者滑铁卢，从而迫使企业前往需要开发市场的东道国开展国际直接投资。蒙代尔（Mundell，1957）考察了 H－O－S 模型下的资本流动性，发现即便是存在小额的关税，也会对资本从一国流向另一国产生巨大影响，其结论的隐含意义正好与萨缪尔森的要素价格均等化定理相反，如果因为关税可以导致资本流动从而消除贸易，那么要素流动就正好是商品流动的替代。事实上，国际直接投资的贸易替代效应也已经被许多实证研究普遍验证，如高柏和克莱茵（Goldberg and Klein，2000）通过拉丁美洲的投资与贸易数据以及斯文森（Swenson，2003）通过美国的研究都证实了关税是引起国际资本流动的一个重要因素，尼根（Blonigen，2005）发现 FDI 同时存在减少进口与增加进口的效果。类似的，东道国可能对某些商品实施了配额制度或其他非关税壁垒的管理，这就迫使生产该商品的企业前往该东道国进行投资以实现市场寻求的目标。

2. 自然资源获取型

自然资源获取也是促使资源类行业企业开展对外直接投资的一个重要因素，并且源于企业在两个方面的目标。

一是国际商品生产的最优化安排。尽管根据 H－O－S 理论的推论，各国企业会根据各国的要素禀赋来安排组织生产或者说产业结构会受到内生性的影响，然而事实上各国要素禀赋存在结构性差异，这使得国际间商品生产要达到最优化就必须依赖于生产要素在国际市场间的流动。沿着萨缪尔森（1949）的研究思路，罗伯津斯基（Rybczynski，1955）进一步考察了要素禀赋改变所可能带来的变化，提出了罗伯津斯基定理，即一种要素禀赋的增加将会提高密集使用该要素产业的产量，而同时减少其他产业的产量。然而现实中有许多生产要素禀赋是不能进行流动的（如水资源与土地），那么在劳动和资本要素不能自由流动的情况下，基于要素禀赋与国际商品贸易所实现的经济生产优化，仅仅是次优，而可能并非最优。只要国际商品生产存在再优化空间，那么实现这一再优化就是有利可图的，这会促使企业通过对外直接投资来突破部分要素不能流动的约束，即通过资本流动代替要素流动来实现国际商品生产的最优化。

二是扩大规模以取得在某一产业或产业价值链环节上的规模经济优势地位。事实上，这一目标与企业的效率寻求型动机结合得更为紧密，因此关于规模经济优势本身的问题将在下面效率寻求型动机部分再详述。但是对于资源类行业的企业而言，这一点尤其不同，不同点在于其国际生产的优化或扩大都必须依赖于不可替代的资源要素。对于部分可流动资源要素，如石油煤炭企业可以通过资源产品贸易来扩大生产获取规模经济优势；对于那些不可流动的资源要素，如耕地或水域企业就必须通过国际直接投资来实现扩大生产以获取规模经济优势；而对于那些以综合开发资源为主营业务的企业，如能源开采企业也只能通过国际直接投资来实现扩大生产获取规模经济优势，这也是为什么现实中大部分资源类行业容易出现垄断竞争市场的原因之一。

3. 效率获取型

效率获取（降低成本提高利润）也是企业开展对外直接投资的主要动因之一。通常来说，企业主要可以通过对外直接投资在以下三个方面来实现效率获取：

一是垄断与规模经济优势。尽管根据 H－O－S 理论的预期，各国应当出口比较优势产业商品，进口比较劣势产业商品，然而现实中却可以观察到大量的产业内贸易现象。为了解释这种问题，迪克西特和斯蒂格利茨（Dixit and Stiglitz，1977）建立了可以解释垄断竞争模型的效用函数[①]，而克鲁格曼（Krugman，1979；1980）在其基础上进一步解释了国际经济活动的规模经济效应，即国际商品贸易会导致少数企业规模不断扩大以获取更多规模经济优势。赫尔普曼和克鲁格曼（1985）认为规模经济与国际贸易的相互内生影响是显著的，在贸易中单个厂商的规模效率也能得到改进，反过来拥有市场规模和规模经济优势会促进厂商在国际市场中的优势。而詹姆斯（James R. Tybout，1993）发展了这一观点，认为递增性内部规模收益是比较优势的源泉，包括来自专业化和国内市场规模带来的国际市场竞争优势。与此对应的在国际直接投资领域，斯蒂芬（1960）在关于美国企业对外直接投资的研究中第一次系统提出了国际直接投资的垄断优势理论，延续了分析垄断优势所依赖的不完全竞争市场前提，认为国际直接投资是市场不完全性的产物。在东道国市场并不具有完全市场的条件下，企业前往东道国市场进行投资，就可以利用其自身在国际市场中已有的垄断优势以获取超额利润。而随着全球价值链的一体化发展，跨国公司不断开展国际直接投资，整合全球价值链中日益专业化的国际分工，沿着价值链获取更大的国际市场份额（包含中间

---

① 尽管这一思路可以追溯至 20 世纪早期（Joan Robinson，1933；Edward Chamberlin，1936），但是直到迪克西特和斯蒂格利茨（1977）才开始拥有严谨的数学表达。

品贸易）以创造更高的垄断优势和规模经济效益。

二是内部化优势。罗纳德（Ronald H. Coase，1937）在其企业理论中，认为市场会出于交易成本优化，从而将部分交易过程经营内部化，从而形成了不同规模的企业。而巴克利和卡森（Buckley and Casson，1976）延续了这一思路，提出了跨国公司的内部化优势理论。即当国际市场是非完全竞争市场时，国际贸易的交易成本存在且显著，因此通过建立跨国公司，可以将部分交易活动改为在一个企业内部进行，通过企业的内部市场取代国际市场，节省交易成本，提高协作效率，获得内部化优势。

三是成本控制优势。成本控制也是促使跨国企业获取更高效率的一个重要因素，其中以产品生命周期理论与边际产业迁移理论最为流行。雷蒙德·弗农（Raymood Vernon，1966）在对美国 FDI 历史特征进行考察时提出了产品生命周期理论，其认为所有商品都具有三个生命周期，包括创新阶段、成熟阶段与标准化阶段。在创新阶段，企业往往会选择在技术生产率与研发投入较高的国内进行，此时产品作为国际市场中出现的新兴科技产品，价格需求弹性低，生产成本的重要性没有研发探索的环境重要。而在成熟阶段，则会将生产逐渐迁移至生产成本更低的国家。而在标准化阶段，将会进一步迁移至生产成本更低的发展中国家。因而产品在不同生命周期需要不同的要素禀赋，因此企业的这种海外扩张行为是循着国际贸易的比较优势原理进行的。而在不同阶段，就会因为不同地区的成本优势而决定不同的对外直接投资区位选择。1978 年，小岛清（Kiyoshi Kojima）也运用了 H－O－S 的要素禀赋比较优势理论预期，考察了日本在 20 世纪 70 年代的对外直接投资发展，提出了边际产业迁移理论。他认为，一国的对外直接投资发展会从本国在生产成本上即将丧失国际比较优势的产业开始，而一个公司的对外直接投资决策也会从该公司在国际市场中即将丧失的比较优势开始。例如，随着国内生产成本的不断升高，企业开始寻求具有更低生产成本的海外生产地。而相比劳动密集型中小企业往往更容易成为这种将丧失比较优势的"边际企业"。事实上，以服装、餐具、手机等日常生活用品的低技术加工业为例，中国的相关产业也因为国内逐年增高的成本比较劣势，而正在向东南亚以及其他第三世界国家不断转移。

4. 战略性资产获取型

企业开展对外直接投资存在战略性资产获取型的提出来源于邓宁（1994）的论述，但是这一相关概念却可以追溯到更早的 20 世纪中期。里昂惕夫（Leontief，1953；1956）使用美国的经济贸易数据，发现尽管美国在 1947 年处于资本丰裕国家，而事实上进口商品却是资本密集型的，而出口商品却是劳动密集型的，与 H－O－S 理论的预期正好相反，被称为里昂惕夫悖论（Leontief's paradox）。这一研究结论引起了长期关于 H－O－S 理论的实证研究讨论。尽管至今为止其原因并无定论，但是瓦内克（Vanek，1968）与利莫尔（Leamer，1980）的研究将方向引向了考虑技术生产率的差异，从而扩展成为 H－O－V 模型[①]。技术生产效率的差异，与其他自然资源、劳动与资本要素不同，并非一个国家或企业天然具备的要素禀赋，而是一个国家或企业在研究开发（R&D）方面的长期投入才能获取的优势[②]。而技术生产率的这一内生性引起了两种国际直接投资所表现出的资本流动：第一，资本会追逐技术生产率更高的市场，获得更高的边际生产收益；第二，开展国际直接投资的目的就是为了获取更先进的技术经验（即邓宁提出的战略性资产获取型）。

邓宁（1994）在其论文中提出了企业资产可以分为普通要素资产与战略性资产两个方面，而战略性资产主要是基于知识的资产，包括：企业的销售网络、管理经验、技术实力、品牌价值、公司信誉，等等，而战略性资产获取对于解释发展中国家朝着发达国家的国际直接投资具有显著意义。黄和王（Huang and Wang，2013）在基于浙江省开展对外直接投资的中小企业调研样

---

① H－O－S 模型中未考虑技术生产率差异的假设也被后续诸多研究所证明（Trefler，1995；Davis and Weinstein，2001，2003；Estevadeordal and Taylor，2002）。

② 尽管宏观经济理论中的内生增长理论直到 20 世纪八九十年代才逐渐成熟［如罗默（Romer，1987）技术内生增长模型、卢卡斯（Lucas，1988）人力资本与干中学模型、金和罗布森（King and Robson，1993）知识传播内生增长模型、杨（Young，1991）国际贸易内生增长模型，等等］，但是关于人力资本积累和技术生产率进步的内生性认识却至少可以追溯到熊彼特（Schumpeter，1934）的研究中。此外，格鲁斯曼和赫尔普曼（Grossman and Helpman，1989）从 R&D 角度推进了比较优势理论，并发展成了现在国际贸易领域熟知的一般均衡分析。克鲁格曼（1979）与迪克西特和诺曼（Dixit and Norman，1980）都对国际贸易驱动产品创新进行了研究。他们都认为由于技术差异化的存在，以及非平衡国际贸易的存在，会使得资源分配到 R&D 部门，以及构成差异化产品的生产均衡。

本基础上，通过实证研究验证了这一事实，即中国目前的对外直接投资仍然以自然资源获取与战略性资产获取为主。这对于解释中国企业近 10 年在并不具备国际产业价值链中优势地位的情况下仍然朝着发达国家跨国企业大量开展逆向并购也很有意义。

2.3.2　企业开展国际直接投资的区位选择

企业开展国际直接投资的区位选择，回答了"企业到哪里去投资"的问题，其本质上是受到企业开展国际直接投资的动因决定的。对于那些想要获取成本优势的企业而言，就一定会不断朝着成本更低的经济体进行迁移；而对于那些想要获取自然资源或战略性资产的企业而言，就会朝着那些拥有更丰富自然资源与战略性资产的经济体进行投资。对于国际直接投资区位选择的综合性研究主要体现在以下三个方面。

1. 国际直接投资周期理论

邓宁（1977；1981）在总结了既往国际直接投资理论的基础上形成了国际生产折衷理论，其认为跨国公司的国际直接投资决策至少应涉及三个方面：资产的所有权优势（ownership）（Stephen H. Hymer，1960）、生产的区位优势（location）、企业内部化优势（internalization）（Buckley and Casson，1976），这三者合在一起被称为国际直接投资的 OLI 要素假设（或 OLI 选择范式）。它包含四个层面的意义：第一，所有权优势决定了跨国公司在不完全市场中可以开展国际直接投资；第二，内部化优势决定了跨国公司在多大范围内和程度上开展国际经营；第三，区位优势决定了跨国公司在多大程度上采取海外生产以及去哪里生产，而并非选择国内生产与商品贸易；第四，对此三个比较优势的寻求，会共同决定一个跨国公司开展国际直接投资行为时的约束基础。邓宁（1988）为进一步说明国际生产折衷理论（OLI），提出了国际直接投资周期理论（又称为国际投资路径理论即 IDP 理论），认为一国的对外直接投资规模与经济发展水平具有密切关系，而且提出了一国某产业或某一企业对外直接投资发展的阶段变迁，本质上反映了该国某产业或该企业在

OLI 要素上从无到有的渐进过程。换句话说，开展国际直接投资的企业应当去能够不断渐进获取 OLI 要素的区位进行投资。

2. 引力模型在国际直接投资领域的应用

引力模型是社会学家与经济学家为了解释与预期人类在地理空间上的经济、社会及政治相互影响，参考经典力学中牛顿万有引力公式建立的一种理论假说。其在国际经济领域的应用首先是源于国际贸易领域的观察与研究。艾萨德和佩克（Isard and Peck，1954）及贝克尔曼（Beckerman，1956）发现了地理位置上越相近的国家之间贸易流动规模越大。丁伯根（Tinbergen，1962）与波洪能（Poyhonen，1963）分别独立使用引力模型研究分析了双边贸易流量，并得出了相同的结果：两国双边贸易规模与它们的经济总量呈正比，与两国之间的距离呈反比。莱恩曼（Lineman，1966）在引力模型里加入了人口变量，发现两国之间贸易规模与人口多少呈正相关关系。此后不断有学者对传统经典引力模型进行更新，以使其成为更为严谨的计量模型同时包含更为丰富的控制变量（Berstrand，1985；Helpman，1987；Trefler，1995；Soloaga and Winters，1999；Lumao and Venables，2001；Anderson and Wincoop，2003；Martinez – Zarzoso，2003；Chaney，2008；Melitz and Ottaviano，2008，等等）。

很快这一模型也被应用于国际直接投资领域的研究中。斯通和钱（Stone and Jeon，1999）将引力模型运用于分析亚太地区经济体之间的国际直接投资；布兰顿等（Brenton et al.，1999）运用引力模型分析了欧洲中部及东部经济体之间的国际直接投资；此后，戈皮纳特和埃切维利亚（Gopinath and Echeverria，2004）运用引力模型对国际直接投资与贸易的交互关系进行了研究；尼根（Blonigen，2005）对国际直接投资的影响因素包括引力模型中的控制变量进行了系统性综述；克莱纳特和托拜尔（Kleinert and Toubal，2010）建立了在国际直接投资实证领域应用引力模型的参考框架。而在中国学者的研究中，程惠芳和阮翔（2004）选取对中国进行直接投资的 32 个国家（地区）为样本，通过将这些国家（地区）的经济规模、人均收入与地理距离纳入引力模型发现，两国之间的国际直接投资流量与两国经济规模与经济水平相似度正相关，与两国地理距离负相关。高国伟（2009）基于跨国公司行为与中间品贸易的影响通过规范分析建立了一个国际直接投资的引力模型。蒋殿春和张庆昌（2011）使用美国跨国公司全球经营规模数据，通过引力模型发现并解释了美国对外直接投资的现实与理论估计水平存在的差距及原因。蒋冠宏和蒋殿春（2012）基于 2003~2009 年中国对 95 个国家的对外直接投资（ODI）数据采取引力模型考察中国 ODI 的区位选择，发现中国对发展中国家 ODI 具有市场和资源动机，而对发达国家 ODI 仅具有显著战略资产寻求动机，而且地理距离有负面影响。张兵（2013）在通过加入贝叶斯均衡的引力模型对中国制造业对外直接投资的实证研究中，发现地理距离、东道国市场总量、工资水平对区位选择的影响小，而心理距离对区位选择的影响较大。由此可见，尽管引力模型并不能描述某个具体企业的区位选择，却依然可以通过加总考虑同质性企业开展对外直接投资的动机与约束从而解释对外直接投资的区位选择，并且通过引力模型的不断扩展为开展实证研究提供越来越多的控制变量参考，其中尤其是心理距离（Johanson and Vahlne，1977）与边境效应（Anderson and Wincoop，2003）等大大扩展了从人本角度去理解企业国际直接投资的区位选择。

3. 发展中国家对发达国家的逆向投资

卢卡斯（1990）通过比较美国与印度的资本报酬率，发现印度作为资本边际产出高出美国近 60 倍且具有显著资本边际产出的比较优势，资本却反而源源不断流向美国，这与新古典增长与贸易理论得出的资本流向假设不相符。事实上，发展中国家在过去 20 年间长期作为资本输出国，已经成为国际经济领域的一个长期热门谜题（卢卡斯悖论，Lucas's Paradox）（Lucas，1990；何帆，2013）。这也是企业开展国际直接投资的区位选择中特殊的一类现象。对这种现象通常是源于制度层面与战略资产获取两个角度来进行解释。第一，发展中国家政策的不确定性比发达国家更高，对产权及技术创新的保护力度更差，市场体制不健全及外国投资者保护措施少导致代理成本较高，都使得发达国家相比发展中国家更具有资本吸引力，进而使得发展中国家成为资本输出国（Shelefer and Wolfenzon，2000；Courinchas and Jeanne，2007）。第二，发展中国家企业向发达国家发起逆向投资，大多具有战略性资产获取动机，即通过技术溢出与学习效应来提升自身在战略性资产层面如技术或管理经验的积累，这一点也已经被一些实证研究证实（白洁，2009；刘宏、张蕾，2012；蒋冠宏、蒋殿春，2012；Huang and Wang，2013）。

2.4 新新国际投资理论前沿进展概述

新新国际投资理论，是相对于新新国际贸易理论而界定的，在近 20 年中源生于新新国际贸易理论的国际投资理论前沿进展。主要是从企业异质性视角出发，对企业的国际投资行为进行的研究。因此，这部分相关理论也是本书实证模型的源生理论土壤。我们在相关理论的基础上，进一步做出了一些推论，并且利用实证模型对这些推论假说进行了验证。在此，我们仅对相关理论进行概述，而进一步的推论等理论讨论内容会在后面各实证章节进一步展开，在此不做赘述。

21 世纪以来国际投资理论的前沿进展朝着"理解企业国际生产组织行为"与"理解企业国际化行为与国际价值链结构内生性"两个方向前进，在此我们重点阐述与本书研究展开最为相关的前者，主要由 HMY 模型、NY 模型与 HPM 模型构成。

2.4.1 HMY 模型

在克鲁格曼（1979；1980）的国际贸易模型中，由于没有考虑企业的异质性，因而无法解释哪些企业会进行国际化经营活动以填补由于国际贸易而带来的均衡状态下市场容量的扩张。梅里兹（2003）将企业异质性引入国际贸易的分析，从而得出了生产率较高的企业会对外出口，而生产率较低的企业会服务本国市场的结论。沿着这一框架，赫尔普曼、梅里兹和耶普尔（2004）将企业异质性纳入马库森（Markusen，1984）提出的"临近—集中权衡"（proximity-concentration tradeoff）框架中，从企业异质性视角考察了企业在出口与水平型 FDI 之间的抉择（形成了 HMY 模型），并通过美国企业层面的数据进行了实证研究，发现由于进行 FDI 的固定成本高于出口的贸易成本，同一行业内生产率最高的企业会通过 FDI 方式服务国外市场，而生产率最低的企业只在国内生产和销售产品，生产率居中的企业会选择出口方式。由此，企业的异质性视角逐渐进入了国际直接投资的研究领域。

此后数年中，HMY 模型的理论预期得到了许多实证研究的支持，我们将其中部分文献总结如表 2－3 所示。

表 2－3　　部分针对 HMY 模型理论预期的国外实证检验文献梳理

作者（年份）	研究样本（国家）	样本期（年）	研究对象	研究方法	研究结论
吉尔马等（Girma et al., 2005）	英国	1990～1996	制造业	非参数 KS	支持 HMY 的理论预期
村上（Murakami, 2005）	日本	1998	制造业	回归分析	生产率最高的企业同时进行 FDI 与贸易活动；只从事出口的企业生产率高于只进行 FDI 企业的生产率
瓦格纳（Wagner, 2006）	德国	1995	制造业	非参数 KS	支持 HMY 的理论预期
木村和清田（Kimura and Kiyota, 2006）	日本	1994～2000	制造业和服务业	回归分析	生产率最高的企业同时进行 FDI 与出口；生产率水平次之的企业进行 FDI；生产率较低的企业选择出口
耶尔普（Yeaple, 2009）	美国	1994	制造业	回归分析	支持 HMY 的理论预期
若杉和田中（Wakasugi and Tanaka, 2009）	日本	2001～2005	制造业	回归分析	支持 HMY 的理论预期
布什等（Bush et al., 2009）	德国	2002～2006	银行业	回归分析	HMY 模型的理论预期是成立的，对风险厌恶程度越高的银行，进行国际化经营的可能性越小
陈和摩尔（Chen and Moore, 2010）	法国	1993～2001	制造业	回归分析	生产率较高的企业更倾向于在条件较差的东道国投资

续表

作者（年份）	研究样本（国家）	样本期（年）	研究对象	研究方法	研究结论
恩格尔和普罗彻（Engel and Procher，2010）	法国	2004	除农业外的其他行业	非参数 KS	除建筑业外，HMY 模型的理论预期是成立的
阿诺德和休辛格（Arnold and Hussinger，2010）	德国	1996 ~ 2002	制造业	非参数 KS	支持 HMY 的理论预期
克斯和罗摩戈萨（Kox and Romagosa，2010）	荷兰	1997 ~ 2005	服务业	回归分析（固定效应）	FDI 的生产率溢价高于出口企业，当控制了企业的特征因素后，FDI 的生产率溢价不存在
田中（Tanaka，2011）	日本	2008	制造业与服务业	非参数 KS	服务业与制造业的跨国企业都呈现出生产率溢价
托多（Todo，2011）	日本	1997 ~ 2005	制造业	回归分析	企业国际化路径的选择过程可能是低效率的，目前服务于国外市场的低生产率企业可能继续服务于国内市场，而生产率较高的国内企业进入国外市场的概率较小
哈格米尔和科拉萨（Hagemejer and Kolasa，2011）	波兰	1996 ~ 2005	总体	非参数 KS	国际化经营的企业在生产率水平和增长率上都高于非国际化经营的企业
克勒等（Kelle et al.，2012）	意大利	2005	生产性服务业	回归分析	支持 HMY 的理论预期
费德里科和托斯蒂（Federico and Tosti，2012）	意大利	2008 ~ 2009	服务业	回归分析（固定效应）	控制企业的固定效应后，与 HMY 模型的预期是一致的
恩格尔和普罗彻（Engel and Procher，2012）	法国	2004	服务业	非参数 KS	支持 HMY
巴塔查里亚等（Bhattacharya et al.，2012）	印度	2000 ~ 2008	软件服务业	随机前沿法非参数 KS	HMY 模型的理论预期在服务领域不适用，生产率最高的企业会选择出口，生产率次之的企业选择 FDI

作者（年份）	研究样本（国家）	样本期（年）	研究对象	研究方法	研究结论
瓦格纳（Wagner, 2012）	德国	2006	服务业	非参数 KS 与回归分析	HMY 模型的理论预期在服务领域不适用，生产率最高的企业会选择出口，生产率次之的企业选择 FDI
若杉和张（Wakasugi and Zhang, 2012）	中国	2007	制造业	非参数 KS	进行 FDI 的企业生产率高于非 FDI 企业；随着企业生产率的增长，其趋向于由出口转向 FDI；HMY 模型的理论预期只在高收入东道国成立；在跨国企业中，在越多国家经营的企业，其生产率越高
田中（Tanaka, 2013）	日本	1997～2009	零售贸易行业	回归分析	HMY 模型的理论预期在零售贸易服务行业是成立的

2.4.2 NY 模型

在 HMY 模型的理论预期得到诸多实证检验之后，诺克和耶普尔（Nocke and Yeaple，2007）进一步在 HMY 模型的基础上，讨论了企业核心能力（以其全要素生产率为代表）的跨境流动性（cross-border mobility）对企业国际生产组织行为的影响。换言之，一家企业在国内具有较高的全要素生产率，不代表它在海外投资的分支企业仍然具有同等较高的全要素生产率。而诺克和耶普尔（2007）认为影响企业海外投资分支公司全要素生产率位置的关键点在于，企业核心能力的跨境流动性，而行业特征、东道国特征都是影响跨境流动性的重要变量。因而诺克和耶普尔（2007）同样参考马库森（1984）提出的"临近—集中权衡"（proximity-concentration tradeoff）框架，将不同的行业分为需要企业核心能力跨境流动性较强与较弱的行业，即分别需要跨境流动能力较强的企业核心能力如技术与生产流程管理经验等的行业（mobile industry），与跨境流动能力较弱的企业核心能力如市场营销经验与社会关系等的行业（immobile industry），通过子博弈精炼均衡求解，得到了从企业异质性视角出发影响企业海国际生产组织行为在绿地投资、跨国并购与出口贸易之间进行选择的一个理论预期，即在需求企业核心能力跨境流动性较强的行业中，表现最好的企业首先将采取绿地投资模式，其次选择出口，最后才是跨境并购；而在需求企业核心能力跨境流动性较弱的行业中，表现最好的企业首先将选择跨境并购，其次选择绿地投资，最后才是出口。

在本书中，我们将 HMY 模型与 NY 模型的理论预期相结合，可以推论出由于企业国际生产组织行为模式选择对企业能力的跨境流动性存在不同的要求与约束，因此可以凭借不同的行业和国家特征来观察绿地投资和跨境并购存在显著的偏峰分布，这一结论也已经被一些实证研究所证实（Hijzen et al.，2008；Nocke and Yeaple，2008；Chen and Moore，2010，等等）。而在本书中，我们将通过这一偏峰分布的理论预期，对中国企业农业对外投资模式选择的分布进行检验，以达到认识中国企业农业对外投资模式选择内在机制的研究目标。我们将在后面实证相关章节进一步详述 NY 模型的经济学直觉与有关内容，因此在此不做进一步赘述。

2.4.3　HPM 模型

在国际经济学中，关于企业海外投资模式选择的另一个维度是关注企业国际化过程中的产业链扩张行为，即在垂直型国际投资与水平型国际投资之间的选择。

垂直型国际投资是指跨国公司将生产经营活动中的部分环节放置于不同的经济体内，垂直一体化是同时朝着产业价值链的上下游环节进行扩张性对外直接投资。通常来讲，垂直型经营的主要目的是合理配置不同经济体的要素禀赋与各个生产经营环节，充分发挥国际直接投资带来的所有权与内部化优势，实现生产经营的最优化。垂直型国际直接投资（VFDI）的理论成型以赫尔普曼（1984）的研究为代表，类似马库森（1984）的"临近—集中权衡"，其认为跨国公司面临着"分割生产经营各环节—更多的要素禀赋与环节匹配"权衡，即尽管在不同的经济体内配置不同的生产经营环节可以带来总体的最优化，但是分割不同的生产经营环节需要支付更多的分割成本以及由于增加公司内部商品与要素流动引起的经营成本增加。只有在分割收益大于分割成本时，企业才会选择 VFDI。赫尔普曼（1984）基于完全竞争市场与规模报酬不变为假设前提，将对外直接投资加入经典的 H－O－S 模型，同时考察中间品贸易与最终产品贸易成本，得出了当两种贸易成本都很低时企业就会选择 VFDI。尽管由于该结论依赖于完全竞争市场与规模报酬不变的假设，仅仅是一种局部分析的结果，但是在 21 世纪贸易自由化不断深化的背景下，贸易成本不断降低，在现实市场中依然能观察到这种现象。赫尔普曼和克鲁格曼（1985）将此分析范式进一步推广至一般均衡分析中，得出了需要在不同经济体的要素禀赋存在足够显著差异的前提下，企业才会选择 VFDI。佩里（1989）对这一问题的理论基础进行了完善，形成了关于跨国公司垂直一体化扩张的决定因素框架。

相对应的，水平型国际投资是指企业同时进入多个跨境市场，并将同质性的生产经营活动同时配置于多国经济体中，对应着水平型国际直接投资（HFDI）。然而赫尔普曼（1984）的研究并没有关于 HFDI 的理论预期，其原因在于赫尔普曼（1984）的研究仍然依赖于完全竞争市场下的 H－O－S 模型假设，这与现实并不符合因而无法解释 HFDI 的理论预期。随着迪克西特和斯蒂格利茨（1977）及克鲁格曼（1979）将规模效益递增与不完全竞争市场引入新贸易理论，HFDI 才得到了一些理论预期的支持。马库森（1984）将企业的生产活动分为公司特定活动（或称为总部活动，如研发、人力、财务等）与工厂特定活动（如生产、运输、销售等），而企业通常会将公司特定活动集中到一起进行，以获得更高的协作效率，而将工厂特定活动分别配置到不同的经济体中去，以获得更优的内部资源配置以接近消费市场。进而其提出在某一经济体内存在垄断企业的情况下，HFDI 就会出现。此外，根据其"临近—集中权衡"的理论预期，当贸易成本较高，跨境投资工厂成本较低或规模收益高于总公司的规模效应情况下，企业就会开展 HFDI。马库森和维纳布尔斯（1998）进一步在其已有的研究中扩展加入了市场结构内生性的一般均衡，得出了公司规模效应大于工厂规模效应且贸易成本较高的情况下 HFDI 就容易出现的理论预期，而且随着产业价值链的国际化不断加深，对于部分产业而言各经济体间的要素禀赋差异日趋减弱，因而跨国公司将逐渐取代各东道国国内企业，这一点在当今现实市场中可以广泛观察到（如农产品贸易与能源开采产业等）。最终，卡尔等（Carr et al.，2001）将这种观点总结为知识—资本模型，认为一般劳动密集产品在符合完全竞争市场假设的行业中采取规模报酬不变的技术生产，而技术知识密集型产品在服从古诺均衡假设的行业中采用规模递增的技术生产，从而在其一般均衡分析中得出了国际市场中六种企业类型，同时解释了 VFDI 与 HFDI 的存在性。

至此，经过赫尔普曼（1984），佩里（1989）及马库森和维纳布尔斯（1998）的贡献，形成的 HPM 模型构建基本覆盖了企业在国际化行为中的垂直一体化与水平一体化选择。但相比 HMY 与 NY 模型而言，关于 HPM 模型的理论预期的实证研究相对较少，这主要是由于 HPM 模型的理论预期较为抽象，并未涉及明确具体的可量化目标。然而近年来，以 HMY 模型与 NY 模型为代表的新成果除了将企业异质性视角带入企业国际生产组织行为的研究中，我们还可以看到这些成果的理论框架基础仍然是马库森（1984）的"临近—集中权衡"构建，因此从这个角度说，我们可以在上述三个模型中找到理论框架的共同点，或者说经济直观意义上的逻辑一致性。因而在本书中，我们通过将 NY 模型与 HPM 模型的理论预期相结合，进一步为 HPM 模型构建了可以进行实证的理论推论，并基于此对中国企业农业对外投资在水平型与垂直型维度上的模式选择问题进行了实证检验，从另一个方面加深了对中国企业农业对外投资行为的内在机制认识。我们将在后面实证相关章节进一步详述有关内容，因此在此不做进一步赘述。

2.5 本章小结

通过以上综述可知，既往相关研究对于本书研究有两点重要启示。

第一，通过国外相关文献综述，可知从 HMY 模型、NY 模型与 HPM 模型中可以找到本书研究的理论基础起点，但是三者的理论预期又不能直接应用于支持本书的实证研究。因此，我们在三者的基础上，通过联合推理得出了可以直接应用于实证检验的理论假说。通过 HMY 模型与 NY 模型的联合推论形成了关于绿地投资与跨国并购这一维度的模式选择的理论假说，通过 NY 模型与 HPM 模型的联合推论形成了关于垂直型与水平型国际投资这一维度的模式选择的理论假说，并在此基础上对中国企业农业对外投资行为中的模式选择进行了实证检验，以充分反映中国企业农业对外投资行为模式选择中的内生机制。此外，通过国外文献中关于新古典国际投资相关理论的回顾，可以为我们的实证框架带来更为完善的建构与控制变量选择。

第二，通过国内相关文献综述，可以发现有三点局限性：一是缺少关于中国企业农业对外投资的微观实证研究，而本书试图填补这一空白；二是关于中国企业海外（农业）投资行为的多角度实证研究，虽然可以为本书实证研究提供较为丰富的实证方法与控制变量参考，但是其中缺少关于中国企业海外（农业）投资模式选择这一角度的微观实证研究，本书试图在此方面提供新的文献贡献；三是以上两点局限性的一个重要原因是国内相关数据库统计较为简单，缺少直观可行的实证价值，而本书通过自行整理补充形成关于中国企业农业对外投资更完善的微观数据集，以及在将既往理论框架联合起来推论得到的理论假说基础上，实现预定的研究目标。

第 3 章

中国企业农业对外投资发展现状

　　由于中国企业农业对外投资相关微观统计数据库中数据较为缺失、由于不同部门对农业"走出去"界定存在差异引起的统计口径差异与"细分国别区域"的统计口径缺失（王琦，2017），加上企业开展农业对外投资往往由于商业机密问题而不愿意公开或上报细节，当前针对中国企业农业对外投资的微观数据较为缺失。因此，在本书中，我们从两方面自行清洗整理了中国企业农业对外投资项目的微观数据库。首先，根据商务部2016年发布的《境外投资企业（机构）备案结果公开名录》可知，截至2016年底，中国企业农业对外投资项目至少达3 588个[①]，形成了"中国企业农业对外投资项目清单"。其次，根据美国企业研究所"中国全球投资追踪数据库"中筛选出中国企业农业大宗投资项目109个（大宗是指单个项目金额超过1亿美元）。本章将基于这两个方面的微观数据对中国企业农业对外投资发展情况进行描述。此外，由于中国企业海外农业大宗投资项目的交易金额较大，部分交易金额属于对外间接投资，部分交易金额属于海外再投资或海外融资方式投资，与本书重点关注的国内企业开展农业投资的对外直接投资项目在范畴上有一定差异，因此在后续实证研究章节中，我们仅采用了由2016年《境外投资企业（机构）备案结果公开名录》筛选出的3 086家企业开展的3 588个农业对外投资项目进行实证研究。

---

　　① "至少"是因为该数字由作者参考2016年《境外投资企业（机构）备案结果公开名录》自行筛选整理得到，难免存在些许误漏。但整理后进行了多次抽样检验，至今没有发现误漏问题，可以算比较完整的中国企业海外投资项目清单。

3.1 中国企业农业对外投资的总体历程

进入 21 世纪以来，中国农业对外直接投资快速发展（见图 3 - 1）。2003 ~ 2016 年，中国农林牧副渔对外直接投资的存量从 3.3 亿美元增长至 148.9 亿美元，增长了约 44 倍；而流量则从 2003 年的 0.8 亿美元快速增长至 2016 年的 32.9 亿美元，增长了约 40 倍①。根据商务部 2016 年发布的《境外投资企业（机构）备案结果公开名录》，截至 2016 年 12 月 31 日，中国企业在海外

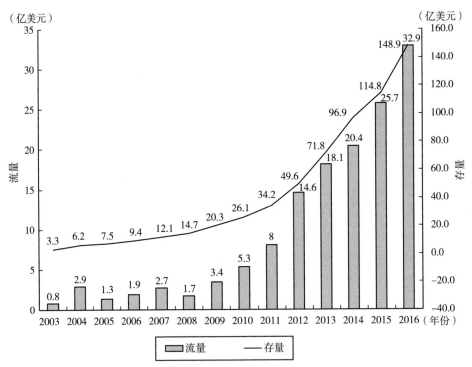

图 3 - 1 中国农林牧副渔对外直接投资的流量与存量

资料来源：2003 ~ 2016 年中国对外直接投资公报，国家统计局数据库。

---

① 资料来源：商务部《对外直接投资统计公报 2003 ~ 2016》，国家统计局数据库。

投资设立的企业中涉农的数量已达 3 588 家[①]，其中各产业领域数量分布如图 3 - 2 所示（根据经营领域指标进行关键词匹配统计，因此各领域数值有一定交叉）。

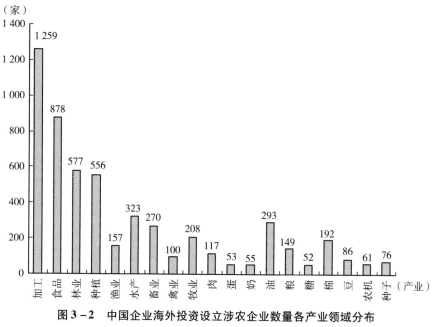

图 3 - 2　中国企业海外投资设立涉农企业数量各产业领域分布

（截至 2016 年底）

资料来源：根据商务部 2016 年《境外投资企业（机构）备案结果公开名录》整理得到。

由于商务部发布的对外直接投资统计公报中农林牧渔业只包括农业产业链中核心环节的投资，而将关联环节的化工、食品与饮料等相关产业投资等均计入第二产业，因此实际中国涉农海外投资流量的增长比公报中统计数字所显示的要更加迅速。过往，我国企业农业对外投资的模式选择，逐渐改变了之前单一以"绿地投资"为主的模式，"褐地投资"（并购）的比例也逐年上升，仅 2014 年中国农林牧渔产业跨国并购交易达 43 起，总金额达 35.6 亿

① 资料来源：根据商务部 2016 年《境外投资企业（机构）备案结果公开名录》整理得到。

美元①，占当年全国所有产业跨国并购金额的6.3%。

根据美国企业研究所的"中国全球投资追踪数据库"，2005～2017年中国企业海外农业大宗投资（交易金额超过1亿美元）达109项，总交易金额达961.8亿美元，其中中化集团并购先正达公司一项交易金额就达430亿美元，即其余108项大宗投资交易金额覆盖了剩余的531.8亿美元，单个项目交易金额均值达4.92亿美元。中国企业海外农业大宗投资交易金额的年度分布如图3-3所示，投资交易项目清单如表3-1所示。

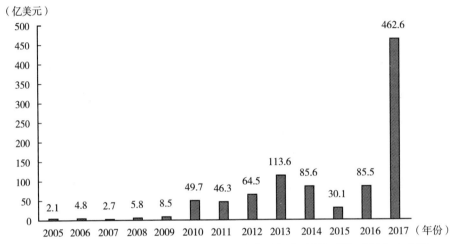

图3-3　2005～2017年中国企业海外农业大宗（亿美元级）投资交易年度金额

资料来源：中国全球投资追踪数据库。

表3-1　2005～2017年中国企业海外农业大宗（交易金额超过1亿美元）投资案例

年份	发起投资主体	投资金额（亿美元）	接受投资主体	国家	地区
2005	中国水利水电建设股份有限公司	2.1		阿尔及利亚	阿拉伯中东北非

① 资料来源：商务部《对外直接投资统计公报2014》。这比2014年中国农林牧渔产业的对外直接投资流量还要大，原因有二：其一是因为并购金额是合同金额，而流量是实际发生金额；其二是因为并购的融资资本来源并不全是来自境内，只有来自境内的资本来源才可以算作且被统计在国际直接投资中。

续表

年份	发起投资主体	投资金额（亿美元）	接受投资主体	国家	地区
2006	中国化工集团	4.8	Adisseo	法国	欧洲
2007	中信信诚投资管理有限公司	1.1		乌兹别克斯坦	西亚
2007	中国机械工业集团	1.6	Tanzanian Power	坦桑尼亚	撒哈拉以南非洲
2008	中国长江三峡集团	1.0		苏丹	阿拉伯中东北非
2008	中粮集团	1.4	Smithfield Foods	美国	北美洲
2008	中国机械工业集团	1.4		委内瑞拉	南美洲
2008	中国中化集团	2.0	GMG Global	新加坡	东亚
2009	中国机械工业集团	1.7	GuySuCo	圭亚那	南美洲
2009	中国投资有限责任公司	3.7	Diageo	英国	欧洲
2009	中国机械工业集团	3.1		委内瑞拉	南美洲
2010	中国通信建设集团	1.3		阿联酋	阿拉伯中东北非
2010	中国保利集团	1.0	Hon Done Pelagic Fishery	毛里塔尼亚	阿拉伯中东北非
2010	中国水利水电建设股份有限公司	2.0		博茨瓦纳	撒哈拉以南非洲
2010	中国机械工业集团	1.4		牙买加	北美洲
2010	中国北方工业（集团）总公司	15.0		老挝	东亚
2010	中国机械工业集团	1.0		苏丹	阿拉伯中东北非
2010	中国化工集团	14.4	Makhteshim – Agan	以色列	欧洲
2010	中国葛洲坝集团	2.9		委内瑞拉	南美洲
2010	中国机械工业集团	10.7		委内瑞拉	南美洲
2011	重庆粮食集团	5.7		巴西	南美洲
2011	中国机械工业集团	1.6		安哥拉	撒哈拉以南非洲
2011	山东常青控股有限公司	1.2	MagIndustries	刚果民主共和国	撒哈拉以南非洲
2011	中国机械工业集团	2.5		乌克兰	欧洲

年份	发起投资主体	投资金额（亿美元）	接受投资主体	国家	地区
2011	北大荒农垦集团	15.1	Cresud	阿根廷	南美洲
2011	中国石油化工集团	2.0		沙特阿拉伯	阿拉伯中东北非
2011	中粮集团	1.4	Tully Sugar	澳大利亚	大洋洲
2011	中国机械工业集团	1.5		苏丹	阿拉伯中东北非
2011	中国通信建设集团	1.0		苏丹	阿拉伯中东北非
2011	光明集团	3.9	Manassen Foods	澳大利亚	大洋洲
2011	中国机械工业集团	1.7		牙买加	北美洲
2011	国家发展投资总公司	5.9		孟加拉国	西亚
2011	青岛啤酒集团	1.0	Namyong	泰国	东亚
2011	中国机械工业集团	1.8		斯里兰卡	西亚
2012	中国长江三峡集团	2.7	SIDA	巴基斯坦	西亚
2012	中国机械工业集团	1.7	San Buenaventura Sugar	玻利维亚	南美洲
2012	国家发展投资总公司	2.2	Ethiopia Sugar	埃塞俄比亚	撒哈拉以南非洲
2012	电力建设公司	2.5		斯里兰卡	西亚
2012	上海鹏鑫集团	1.7	Crafar Farms	新西兰	东亚
2012	光明集团	19.4	Weetabix	英国	欧洲
2012	中国机械工业集团	2.0		津巴布韦	撒哈拉以南非洲
2012	中国通信建设集团	2.0		加纳	撒哈拉以南非洲
2012	万宝粮油有限公司	2.9		莫桑比克	撒哈拉以南非洲
2012	山东如意科技集团	2.6	Lempriere Property	澳大利亚	大洋洲
2012	圣元国际集团	1.2	Sodiaal	法国	欧洲
2012	中国机械工业集团	3.2		苏丹	阿拉伯中东北非
2012	上海电气集团	9.9	Saline Water	沙特阿拉伯	阿拉伯中东北非
2012	上海中孚特种油品有限公司	7.3		澳大利亚	大洋洲
2012	蒙牛集团	1.5		新西兰	东亚
2012	伊利集团	1.7	Oceania Dairy	新西兰	东亚

续表

年份	发起投资主体	投资金额 （亿美元）	接受投资主体	国家	地区
2013	中粮集团	1.8		新西兰	东亚
2013	国家发展投资总公司	6.8	Ethiopia Sugar	埃塞俄比亚	撒哈拉以南非洲
2013	中国国际经济技术合作公司	1.0		巴布亚新几内亚	东亚
2013	中粮集团	3.2		巴西	南美
2013	双汇集团	71.0	Smithfield Foods	美国	北美洲
2013	中国机械工业集团	6.5		埃塞俄比亚	撒哈拉以南非洲
2013	国家建筑工程	2.9		孟加拉国	西亚
2013	中国投资有限责任公司	20.4	Uralkali	俄罗斯联邦	西亚
2014	中粮集团	20.4	Nidera	荷兰	欧洲
2014	中国通信建设集团	1.0		南苏丹	撒哈拉以南非洲
2014	中粮集团和投资管理有限责任公司	7.5	Noble Agri Limited	巴西	南美洲
2014	中国机械工业集团	1.0		赞比亚	撒哈拉以南非洲
2014	光明集团	15.6	Tnuva	以色列	欧洲
2014	国家建筑工程	3.5		阿根廷	南美洲
2014	华邦集团	2.2	Albaugh	美国	北美洲
2014	中国保利集团	1.8	Uzkhimprom	乌兹别克斯坦	西亚
2014	四川省农业厅	3.0		乌干达	撒哈拉以南非洲
2014	中国机械工业集团	1.1		赞比亚	撒哈拉以南非洲
2014	中国机械工业集团	6.9		斯里兰卡	西亚
2014	伊利集团	3.1		新西兰	东亚
2014	中信信诚投资管理有限公司	1.2		安哥拉	撒哈拉以南非洲
2015	中国铁路工程	1.1		尼泊尔	西亚
2015	中轻物产有限公司	3.0	Oman Sugar	阿曼	阿拉伯中东北非

年份	发起投资主体	投资金额（亿美元）	接受投资主体	国家	地区
2015	中捷资源投资股份有限公司	4.4		俄罗斯联邦	西亚
2015	中国通信建设集团	1.2		莫桑比克	撒哈拉以南非洲
2015	光明集团	1.2	Miquel Alimentacio	西班牙	欧洲
2015	广州市合生元生物制品有限公司	9.9	Swisse Wellness	澳大利亚	大洋洲
2015	光明集团	2.0	Silver Fern Farms	新西兰	东亚
2015	中冶集团	4.0		俄罗斯联邦	西亚
2016	江联重工集团	6.5	Ethiopia Sugar	埃塞俄比亚	撒哈拉以南非洲
2016	中国中化集团	1.8	Halcyon Agri	新加坡	东亚
2016	蒙牛集团	2.2	Burra Foods	澳大利亚	大洋洲
2016	喜旺集团	5.8	Kerr Investments	加拿大	北美洲
2016	中信信诚投资管理有限公司	1.3		委内瑞拉	南美洲
2016	中国牧工商总公司	1.8	Mataura Valley Milk	新西兰	东亚
2016	中国化工集团	14.0	Adama Agricultural Solutions	以色列	欧洲
2016	上海工业投资（集团）有限公司	2.3	Vitaco	澳大利亚	大洋洲
2016	中国远洋运输（集团）总公司	14.4	Nidera	荷兰	欧洲
2016	中国机械工业集团	4.8	Maduru Oya	斯里兰卡	西亚
2016	万科集团	1.0	Kidman	澳大利亚	大洋洲
2016	中国能源工程	6.4		肯尼亚	撒哈拉以南非洲
2016	中信信诚投资管理有限公司	8.5		白俄罗斯	欧洲
2016	中国铁路建设投资公司	5.4	Win Win House	泰国	东亚
2016	飞鹤国际有限公司	1.7		加拿大	北美洲

续表

年份	发起投资主体	投资金额（亿美元）	接受投资主体	国家	地区
2017	青岛鲁海丰食品集团	2.8		马来西亚	东亚
2017	中信基金管理有限责任公司	11.0	Dow	巴西	南美洲
2017	北京三元食品股份有限公司	7.3	Montagu	法国	欧洲
2017	中信集团农业板块首农股份	1.8	Cherry Valley Farms	英国	欧洲
2017	上海豪盛投资集团和新希望集团	2.7	The Real Pet Food Company	澳大利亚	大洋洲
2017	中国铁路工程	3.9		赞比亚	撒哈拉以南非洲

注：这些案例是从美国企业研究所的"中国全球投资追踪数据库"中将所属行业为农业（agriculutre）的部分整理所得，其中部分投资交易项目中接受投资主体方公司一项由于商业机密等问题，并未明确列明。

资料来源：根据美国企业研究所的"中国全球投资追踪数据库（China Global Investment Tracker）"信息整理。

3.2 中国企业农业对外投资的分布特征

中国企业农业对外投资具有以下三方面分布特征。

1. 投资东道国区域分布特征

如图 3-4 所示，从投资项目数量维度来看，中国企业农业对外投资项目主要分布在亚洲地区，然后依次是北美洲、非洲、欧洲、大洋洲与南美洲地区。而中国企业农业对外投资项目主要分布东道国前 18 名（见图 3-5）。此外，根据"中国企业全球大宗投资追踪数据库"，中国企业农业对外投资大宗项目（交易金额超过 1 亿美元）按照交易金额排序的区域分布如图 3-6 所示，即便排除中化集团并购瑞士先正达公司的影响，欧洲仍然是排名第一的投资区域。

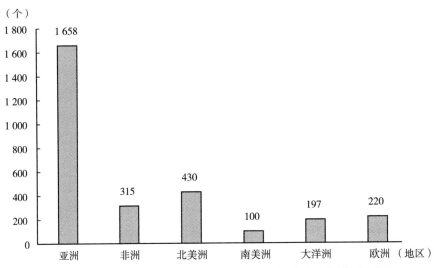

图 3 - 4　中国企业农业对外投资（中小项目）投资项目数量区域分布

（1980~2016 年）

资料来源：商务部 2016 年《境外投资企业（机构）备案结果公开名录》。

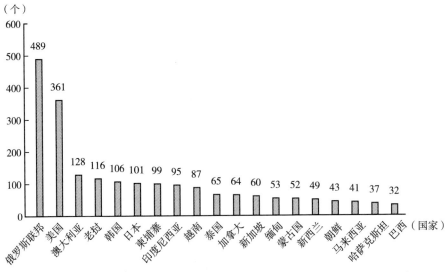

图 3 - 5　中国企业农业对外投资（中小项目）投资项目数量主要国家分布

（1980~2016 年）

资料来源：商务部 2016 年《境外投资企业（机构）备案结果公开名录》。

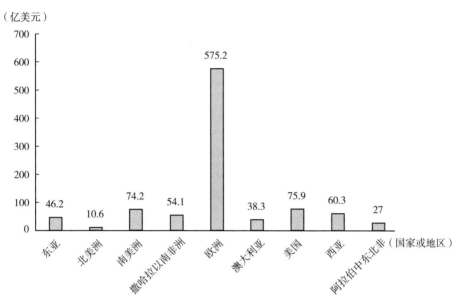

图 3 - 6 中国企业海外农业大宗（亿美元级）投资交易金额区域分布
（2005～2017 年）

资料来源：中国全球投资追踪数据库。

2. 投资企业国内区域分布特征

根据图 3 - 7 所示，中国企业开展农业对外投资项目最多的前五名省份依次为山东、黑龙江、浙江、江苏与广东。

3. 投资项目产业环节分布特征

中国企业农业对外投资项目所属产业环节分布特征如图 3 - 8 所示。其中，主要集中在农产品贸易、农产品加工生产、研究开发、农业设备机械、种植、采伐与捕捞及农业基金设施建设等产业环节与领域。

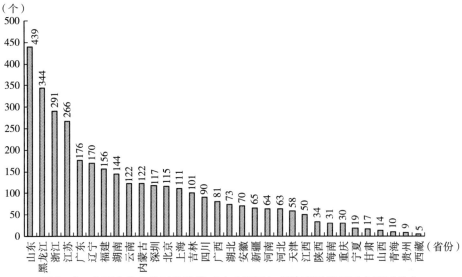

图 3 - 7　中国企业农业对外投资（中小项目）投资项目数量国内区域分布

（1980～2016 年）

资料来源：商务部 2016 年《境外投资企业（机构）备案结果公开名录》。

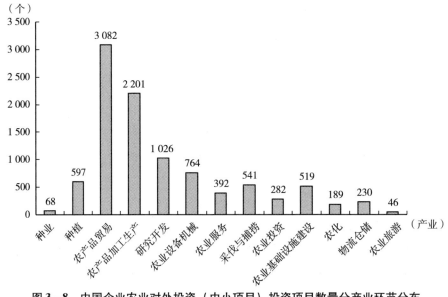

图 3 - 8　中国企业农业对外投资（中小项目）投资项目数量分产业环节分布

（1980～2016 年）

资料来源：商务部 2016 年《境外投资企业（机构）备案结果公开名录》。

3.3 中国企业农业对外投资的问题与风险

1. 全球范围贸易与资源保护主义抬头

进入 21 世纪以后，在全球农业投资议题中关于生态和自然资源保护等议题变得越来越受人瞩目。这主要源自两个方面的原因：一是过去历史中发达国家持续的农业海外扩张，造成了发展中国家以土地为代表的农业自然资源占有不平衡，致使这些国家希望重新划分全球农业资源的格局；二是全球农业产业竞争与国际农业政治的博弈加剧。

历史上全球大致经历了三次以土地为代表的海外农业资源投资浪潮，第一次是 19 世纪末至 20 世纪初，伴随着殖民主义与自由贸易主义的兴起；第二次是第二次世界大战后至 20 世纪 80 年代，跨国公司趁着各国复苏之际放松了对外资进入的监管从而大肆扩张；第三次是 21 世纪以来，2008～2009 年与 2011～2012 年两次全球粮食价格危机促使各国进一步加大了海外屯田的力度。三次全球化农业资源投资浪潮，直接造就了发展中国家的农业资源占有不平衡，发达国家利用发展中国家的土地等农业资源，不断地往本国输送给养，然而发展中国家却正在使用本来就极其有限的人均土地与自然资源，与粮食短缺、贫穷饥饿做斗争。这使得发展中国家对于重新划分土地资源格局以及开展土地保护发出越来越强烈的声音，并进而促使以土地为基础的农业资源保护主义思潮向其他小农利益与生态保护等领域延伸。

农业是一个与生态环境以及社会文化紧密相关的产业，不少国家近年来加强了外国投资对本国生态、环境、社会、文化等方面可持续发展的冲击问题的关注，例如，加拿大、澳大利亚等国明确要求外国投资项目必须通过环境保护、生态平衡与生物多样性可持续发展审查。而要达到这些要求可能会显著增加经营成本，致使海外投资项目效益不佳，同时影响投资项目的时间周期，甚至有时候致使项目直接"流产"。2008 年韩国大宇集团与马达加斯加政府签署合作协议，准备租用 130 万公顷的土地用于开展棕榈树和玉米种植与产品加工出口，而在 2008 年时，马达加斯加全部已开发农业用地只有约 235 万公顷，粮食尚且不能完全自给，每年需要进口 20 万吨以上的粮食。这一系列项目引起了西方媒体的高度炒作，被冠以"新资本殖民主义"的帽子。马达加斯加国内反对党趁势而起，鼓噪该国居民发起了大规模抗议，反对派支持者们发动了政变并推翻了执政当局，而新上任的过渡政府于 2009 年 3 月 21 日宣布取消与大宇集团的合作协议。再比如 2007 年初，我国吉林省与菲律宾农业部刚刚签署了在菲律宾开垦 100 万公顷土地的协议，由于菲律宾国内政治因素影响被迫于当年 9 月份就宣布暂停。

在全球范围内，农业海外投资尤其是土地投资，早已不仅仅是一个经济层面的争议议题，更是一个国际农业政治中各种力量角逐的舞台。从政治经济学层面来看，农业是一个与当地民生紧密相关，且为所有国家国民经济基础的重要产业，在全球农业竞争愈发紧张的今天，农业资源保护主义思潮逐渐抬头是一种必然结果，这直接导致了是否支持适度的农业保护主义成为一个国家内部政治竞争中衡量执政党是否具有政治正确（plitical correctness）的态度的一个标准，即反对农业资源保护主义者就必然会被推上新殖民主义的不利位置。这种政治因素使得农业资源保护主义加速了在全球范围内的蔓延。

2. 国际贸易投资规则体系转轨冲击

随着美国宣布从 2014 年之后所有的双边投资协定均在新的"文本框架"上采取"准入前国民待遇＋负面清单"的方式制定，若中美、中欧双边投资协定未来达成，"准入前国民待遇＋负面清单"的国际贸易投资规则新体系将逐渐取代"准入后国民待遇＋正面清单"的传统规则成为新主流，这将对我国农业开展海外直接投资带来一些不利因素。与此同时，难民危机、英国脱欧与特朗普国际经贸政策不断给全球化进程带来冲击，给国际贸易投资新规则体系的建立带来更多的不确定性。但从当前涉及农业海外投资的一系列规则国际磋商来看，呈现出发达国家与发展中国家对立的激烈交锋。

在涉及土地资源投资的国际规则方面，联合国粮食与农业组织（FAO）

牵头制定了《国家粮食安全范围内土地、渔业及森林全书负责任治理自愿准则》，倡议各国对征地规模予以限制，在多轮谈判中许多发展中国家都要求对既有跨国公司在 20 世纪征购的土地进行重新分配改革，从而引起了强烈的争议。而 FAO 下属机构粮食安全委员会牵头制定《促进农业和粮食系统负责任投资原则》，围绕着是否应该避免大规模土地转移等议题各国展开了激烈的讨论。

此外，由澳大利亚发起，美国倡议，关于国有企业开展国际投资的"竞争中立"问题，也有望在将来磋商达成。它的核心内容是"要求无论其他国家采用什么样的经济政治体制，本国政府都需要确保任何主体在经济活动中享有平等竞争的地位"，这将改变现有的安全审查制度与国际投资规则体系。在中国企业海外投资中，国有企业的对外直接投资（ODI）占据了 2/3。而在中国农业企业海外投资中，国有企业同样是绝对主体，导致我国农业企业在开展海外并购中，因为国有企业性质接受各种"安全审查"而使并购计划搁浅的案例不在少数。

目前，国际贸易投资新规则的主导方仍然是在全球农业竞争中占据优势地位的发达国家，尤其是同时兼具农业对外输出优势又处于产业价值链中主导地位的美国、加拿大、澳大利亚等国。这些国家通过强有力的资本优势与历史经验积累，控制了全球农业价值链中的高附加值链节，推动着国际农业投资规则朝着有利于这些既有优势国家的方向前进，而并不利于大部分发展中国家尤其是具有小农特征的国家。

3. 中国企业农业对外投资面临着显著的东道国经济政治文化风险

中国企业海外投资面临着显著的东道国经济政治风险，主要包括区域政治风险、东道国经济风险与投资本地化风险三个方面。

第一，中国农业海外投资面临着区域性政治风险。农业海外投资又必须依赖于农业资源，少数发达国家农业资源较为丰富但同时其自身农业产业也较为成熟，而其他具备丰富农业资源的国家多为发展中国家。近年来全球区域性政治动荡与社会冲突层出不穷，对发展中国家更是雪上加霜。农业海外投资需要高度本地化的参与，而政局动荡、战乱冲突、族群矛盾等都会限制我国农业海外投资的健康开展。此外，农业投资涉及敏感的自然资源，更容易被东道国政治冲突中某一方利用，寻找借口引起当地居民对农业投资项目的公愤，致使项目搁浅。

第二，中国农业海外投资面临着东道国经济风险。尽管近年以美国为代表的少数发达国家开启了经济复苏的历程，但是欧洲长期深陷次贷危机后的泥潭之中，除了金砖国家等少数发展中国家外，大部分发展中国家经济都仍然处于增长停滞中。我国农业海外投资面临着在投资项目落定之后东道国经济发展走向动荡与下滑的风险，而且这种风险是事先难以预料且对投资项目绩效影响极其显著的。

第三，中国农业海外投资还面临着在东道国的本地化风险。农业作为与民生息息相关的产业，开展海外投资项目需要较高的本地化要求，融入东道国当地社区对保障农业海外投资项目的绩效至关重要。而近年来中国农业海外投资常常面临劳工管理与社会文化融入等难题，由于国外劳工管理难题、当地社区与非政府组织抗议反对等原因致使项目搁浅等情况也屡见不鲜。

4. 中国农业海外投资面临着显著的融资约束

我国农业海外投资发展还直接面临着融资困难的挑战，这也是我国农业海外投资发展中一个持续无法得到解决的难题。第一，农业海外投资处于初级阶段时，由于还没有建立起成熟的产业链，因此往往导致的投资回报周期长，资本需求单位大，市场需求在短期中具有显著的刚性，而且在海外进行农业投资的效益受到自然条件、技术适应性、国际市场价格波动等客观因素影响大，从而给农业海外经营带来了更多风险，大大降低了农业海外投资的资本吸引力。第二，农业企业缺乏可观的固定资产用于抵押贷款，在开展海外投资时获得资本支持力度相比其他产业较小。而现有的融资评价规则往往不适用于农业投资项目，进一步导致农业海外投资的资本吸引力匮乏。例如，我国每年都要求政策性金融机构加大支持农业"走出去"的力度，但事实上政策性金融机构执行的是现有资本市场通行的投资考核评估体系，而以此作为标准往往选不出合适的农业投资机会，结果导致每年配套的资金都没有办法落实到实际操作中去。第三，随着国内农业发展结构转型的进步，以及国民经济整体去杠杆化在未来逐渐完成，国内农业与其他产业的投资潜力将会逐渐增大，进一步削弱农业海外投资项目的资本吸引力。总体来说，资本市场永远偏好风险更低、收益更高的投资机会，而去海外投资农业可以说是既充满风险又难以在短期内获得可观收益的，在融资竞争中并不具有显著优势，这是我国农业海外投资发展必须面对的挑战。

5. 中国企业农业国际化发展经验单一与风险管理意识不足

中国企业融入农业国际化进程时间短，造成在开展海外投资时具有经验单一与风险管理意识不足的显著局限性。第一，尽管随着中国农业企业在不断融入国际化的过程中积累起相当的资本与技术优势，在海外开展的合作项目却仍然举步维艰，主要是由于融入国际化进程时间短、理念不新、经验不足，"地主思想"和"单干思想"仍然比较严重，对外农业合作呈现"技术交流和进出口贸易相对较多、政策沟通与农业投资相对较少"的特点，无法满足更加成熟稳定的农业国际合作发展需求。第二，中国农业企业是在改革开放后经济政治社会环境都十分稳定繁荣的环境中成长起来的，对于海外复杂的多层次、多元化的经济政治社会风险挑战认识与准备不够充分，在开展海外投资项目时缺乏前期的风险评估，在开展海外项目投资过程中缺乏必要的风险管理预警机制与应对措施准备，当发生风险时缺乏预案，无法有效应对复杂多变的国际市场波动与国际经济政治风险。

3.4 本 章 小 结

自从 20 世纪末以来，中国企业农业投资快速发展，近年来更是通过跨国并购大举开始参与国际农业产业链与价值链的新整合竞争。通过对美国企业研究所"中国企业全球大宗投资追踪数据库"与商务部发布的历年中国对外直接投资统计公报与《境外投资企业（机构）备案结果公开名录》，我们从中描绘出了相比以往文献更为详细的中国企业农业对外投资发展脉络与现状分布特征，从企业层面直观展示了中国企业在开展农业对外投资时的全景图。随后结合当前国内外农业发展形势，对中国企业农业对外投资发展面临的五方面主要问题与风险进行了描述。在本章的描述中，并未对中国企业农业对外投资的模式分布特征进行描述，这是因为相应部分将会在后续对应实证章节中给予统计描述，在此不再重复赘述。此外，经由本章我们还得到了相比以往更为详细的"中国企业农业对外投资项目数据库"，为后续章节的实证研究奠定了数据可行性基础。

第 4 章

中国企业农业对外投资的
生产率效应

近年在国际经济学关于国际投资理论研究的前沿进展中，开始逐渐从企业异质性视角来看待企业的国际生产组织选择行为。在文献综述与后续章节相关理论的推论中，都可以看到我们欲实证的第二个维度（水平型与垂直型）的理论基础，是通过结合第一个维度（绿地投资或跨国并购）的理论预期来实现的；第一个维度的理论基础又是通过结合 HMY 模型的理论预期来实现的。换言之，验证中国企业农业对外投资是否满足 HMY 模型的理论预期，是我们开展后续实证研究的前提保障与基础。HMY 模型给出了企业全要素生产率与企业国际生产组织行为选择顺序的理论预期，在此基础上，参考既往文献与考虑到中国企业存在的特殊性，我们进一步加入了企业的产权属性这一关键变量，使用 1998～2013 年的企业面板数据验证了中国企业全要素生产率、国有产权属性两个异质性与其农业对外投资行为的关系，发现 HMY模型的理论预期在开展农业对外投资的中国企业群体中非常显著地存在，为后续章节实证研究奠定了可靠性基础。

4.1 企业异质性影响开展农业对外 投资决策的实证假说

4.1.1 全要素生产率

赫尔普曼、梅里兹和耶普尔（2004）同样参考马库森（1984）建立的"临近—集中权衡"框架，在梅里兹（2003）的基础上加入了以全要素生产率为核心的企业异质性，来包含海外投资选项的企业国际生产组织行为选择。根据 HMY 的理论预期，当全球化带来市场需求扩大时（Krugman，1979），在同一行业中，企业全要素生产率最高的企业，将采取海外投资，而全要素生产率次之的企业将采取对外出口贸易，全要素生产率位于最底端的企业则服务国内市场需求。如前面文献综述章节所述，HMY 模型的理论预期已经被许多国内外实证研究所证实。目前，暂时没有针对中国企业海外投资行为的实证研究，因此我们将对这一问题进行实证检验。

4.1.2 国有产权属性

考虑到中国企业中存在大比例的国有企业，具有一定的产权特殊性。过去部分文献证明了中国企业的国有产权属性对其国际生产组织行为存在重要影响（Buckley et al.，2007，2008；Song，Yang and Zhang，2011；Knutsen，Rygh and Hveem，2011；Cui and Jiang，2012；Amighini，Rabellotti，and Sanfilippo，2013），一般来说，存在两个方面的影响：一是国有产权属性可以加强企业的融资能力与信贷可得性，使得具有国有企业相比私营企业能够拥有更低的扩张融资成本与承担更大的海外扩张风险（Ding，Zhang and Zhang，2007；Song，Storesletten and Zilibotti，2011；Cui and Jiang，2012）；二是国有企业相比私营企业，在部分情况下不仅会从经济原因来进行考虑，也会由于外交或政治原因而开展部分海外投资，而针对这种动机的考量可能会提高其他东道国针对中国国有企业海外投资的门槛，从而使得能够进行投资的国有企业具有更为显著的全要素生产率溢价（Cui and Jiang，2012）。因而参考既往文献，我们同时将国有产权属性加入本章的实证检验框架。

4.1.3 实证假说

我们得到本章欲检验的实证假说4-1：中国涉农企业的全要素生产率及其国有产权属性对企业选择开展农业对外投资的行为分别具有显著的正面与负面影响。

其逻辑框架如图4-1所示。

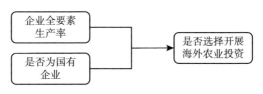

图4-1 假说4-1的实证逻辑框架

4.2 实证模型与变量说明

4.2.1 实证模型

参考既往文献（见表2-1、表2-3），大部分验证 HMY 理论预期的实证研究均采取了固定效应的 Logit 模型，例如，田薇和余淼杰（2012）在基于中国工业企业数据库企业层面微观数据的研究中采取了面板 Logit 模型，我们同样选取面板 Logit 模型进行估计。此外，为了实现估计结果的稳健性，我们还将数据看作混合数据，通过加入企业标识与年份时间来控制固定效应进行估计。

模型回归方程式分别如式（4 - 1）和式（4 - 2）所示：

将数据看作面板数据：

$$Pr(ODI_{it} = 1 \mid X_{it}) = \beta_0 + \beta_1 \ln^{TFP} + \beta_2 Ownership + \beta_3 FRG + \beta_4 Age_{it} + \varepsilon_{it}$$

$$(4 - 1)$$

将数据看作混合数据：

$$Pr(ODI_{it} = 1 \mid X_{it}) = id_i + year_t + \beta_0 + \beta_1 \ln^{TFP} + \beta_2 Ownership$$
$$+ \beta_3 FRG + \beta_4 Age_{it} + v_{it} \qquad (4 - 2)$$

尽管在理论上，采取固定效应更具合理性，但是在使用固定效应的面板 Logit 模型时，因变量的组内方差不为零的比例是模型有效性的一个重要基础条件。然而在我们的样本中，显然有足够多的企业从始至终并未采取海外投资决策，因而使得组内方差可能为零占据一定的比例，因此我们在使用面板模型估计时，需要单独对是否可以采取固定效应模型进行验证。在本章的实证中，我们将针对式（4 - 1），采取 Hausman 检验两者来判定固定效应与随机效应的选择。此外，由于本书所有实证检验中所使用面板数据样本集中，样本数量远远大于年份数量，因此不再需要单独进行单位根检验（Anderson and Cheng, 1982; Bai, 2004, 2009）。

此外，当将数据看作混合数据时，通常会使用广义最小二乘法进行处理，但是在 Logit 回归中广义最小二乘法的效果会大打折扣。这是因为在一元 Logit 模型中，因变量为 0 ~ 1 虚拟变量，只能取得两个值，不能满足误差项与自变量无关的假设，且不能同包含连续变量的自变量组存在于一个 N 维空间中进而不存在线性投影，简言之，由于一元 Logit 模型是一个特殊的非线性模型，因此不能使用广义最小二乘估计。参考既往文献惯例，对 Logit 的一个经典算法为迭代重加权最小二乘估计（iteratively reweighted least squares, IRLS）（Holland and Welsch, 1977），可以满足对加入固定效应的混合数据的 Logit 估计需求。

4.2.2 变量说明

在式（4-1）和式（4-2）中，X 代表着所选企业样本，i 代表着每一个企业所特有的企业标识下标，t 代表着样本所在的年份。变量 ODI 代表企业的农业对外投资行为，如果 $ODI=1$ 则代表该企业在该年或该年之前已经开展了农业对外投资，如果 $ODI=0$ 则代表该企业到该年仍未开展农业对外投资。

变量 id 是每一个企业所特有的企业 ID 标识，其数值不具有任何数值大小上的实际意义。变量 id 加入式（4-2）是为了控制企业个体的固定效应，因为还存在着其他一些难以估测却又会影响企业海外投资行为的因素，如企业员工的外语能力或者企业领导的经营发展偏好等，因而需要加入企业标识变量控制企业个体的固定效应影响。

与此类似，变量 $year$ 是为了控制不同年份的固定效应。因为在不同的年份，可能存在一些对企业海外投资扩张行为具有影响的宏观经济环境变量，如 2007～2008 年的全球次贷金融危机使得市场流动性大幅下滑，企业面临着极强的融资约束，加上海外经济环境的不确定性加剧，可能会使部分企业推迟其农业对外投资行为。因此需要对时间的固定效应加以控制。

变量 TFP 定义了企业在当年的全要素生产率（total factor productivity，TFP）表现，参考既往国际经济领域中相关文献（Olley and Pakes，1992；Yasar，Raciborski and Poi，2008；Dai，Maitra and Yu，2016），在本章中我们采用 OP 全要素生产率方法进行计算得到。选取此计算方法源于两个原因：一是经典的线性回归计算方法对于大样本微观企业数据适用性较差；二是参考鲁晓东和连玉君（2012）针对中国企业全要素生产率估计的现行常用算法的比较研究，采取 OP 计算方法对于本章所使用的中国工业企业数据库样本而言最为稳健与合适。此外，为了反映弹性，TFP 以自然对数方式加入估计方程。此外，根据 HMY 模型的理论预期，企业异质性对海外投资行为的影响是在同行业的范畴中，而本书中的企业样本观测值虽然其行业代码具有显著的差异，但是考虑到不同企业可能同时进入多个农业关联产业环节，竞争者关系也并不局限于其行业代码所标识的单一产业环节中的其他企业，因此在本书中将其均看作属于农业这一单一行业范畴。

变量 *Ownership* 是一个虚拟变量，其代表企业的国有产权属性与否。当该企业为国有企业时（在本章中包括中央企业与地方国资委企业），其值等于1；当该企业为非国有企业时，其值等于0。

变量 *FRG* 是一个虚拟变量，代表企业是否接受了外商直接投资。当该企业在当年及以前接受过外商直接投资，则该值等于1；当该企业在当年及以前均未接受过外商直接投资，则该值等于0。考虑到一家企业是否接受过外商直接投资，可能会对其海外扩张行为具有影响（如对待进入国际市场具有更高的偏好与开放性），因此将其作为控制变量加入估计方程。

最后，变量 *Age* 是企业的年龄，代表着从企业建立至样本所在年份之间的年份长度。因为考虑到企业的年份可能会对企业的管理经营经验以及企业负责人的风险偏好具有一定影响，从而间接影响其农业对外投资行为，因此将其作为控制变量加入估计方程。

4.2.3 全要素生产率计算模型

本章中，我们采取奥利和佩克斯（Olley and Pakes，1996）介绍的方法来计算，而具体计算过程的构造方法采用亚萨尔、拉齐博尔斯基和波伊（Yasar，Raciborski and Poi，2008）的计算方法，并使用 Stata 中的 Opreg 函数。

首先我们假设生产函数如下：

$$Y_{it} = F(E_{it}, \ K_{it}, \ a_{it}, \ \omega_{it}) \tag{4-3}$$

我们将生产函数按照柯布道格拉斯函数形式求导得到：

$$y_{it} = \beta_0 + \beta_e e_{it} + \beta_k k_{it} + \beta_a a_{it} + u_{it} \tag{4-4}$$

$$u_{it} = \omega_{it} + \sigma_{it} \tag{4-5}$$

在式（4-4）中，y_{it} 是公司 i 在时间 t 的产出对数，e_{it}，k_{it}，a_{it} 分别是企业 i 在时间 t 的雇员数量、固定资本和年龄。ω_{it} 是生产率冲击，其可以被企业中的决策者观察到，但是计量分析却不能观察到它。σ_{it} 是生产率冲击，企业决策者与计量分析均不能观察到它。这代表着 ω_{it} 对企业的决策程序具有影响，并会导致有偏估计，而 σ_{it} 则不会。

奥利和佩克斯（1996）定义决策函数如下：

$$x_{it} = \begin{cases} 1 & \text{if } \omega_{it} \geqslant \underline{\omega}_{it}(k_{it}, \ a_{it}) \\ 0 & otherwise \end{cases} \qquad (4-6)$$

式（4-6）代表如果企业的生产率要比企业资本存量与年龄决定的某个门限高或低时，企业 i 决定停留在市场中（$x_{it} = 1$）或者退出市场（$x_{it} = 0$）。这样我们就可以推断企业在未来投资增量 IN_{it} 上的决策（in_{it} 是 IN_{it} 的对数）：

$$in_{it} = I(\omega_{it}, \ k_{it}, \ a_{it}) \qquad (4-7)$$

我们可以使用式（4-7）来控制生产率冲击偏误项与投入之间的相关性。

还有一件事需要被重视，就是我们假定了未来的生产率严格跟随 ω_{it} 递增，这代表 t 时期具有可观察到正向生产率冲击的企业将会增加投资，与此同时保持 k_{it} 和 a_{it} 不变。此时我们可以推导出生产率冲击 ω_{it} 的反函数为：

$$\omega_{it} = I^{-1}(in_{it}, \ k_{it}, \ a_{it}) = g(in_{it}, \ k_{it}, \ a_{it}) \qquad (4-8)$$

将式（4-5）和式（4-8）代入式（4-4）得到：

$$y_{it} = \beta_e e_{it} + \varphi(in_{it}, \ k_{it}, \ a_{it}) + \sigma_{it} \qquad (4-9)$$

$$\varphi(in_{it}, \ k_{it}, \ a_{it}) = \beta_0 + \beta_k k_{it} + \beta_a a_{it} + g(in_{it}, \ k_{it}, \ a_{it}) \qquad (4-10)$$

为了得到参数估计值 $\hat{\beta}_k$，我们必须再假定一个 t 时期企业 i 的生存概率函数，并且这个概率函数依赖于 $\omega_{i,t-1}$ 和 $\underline{\omega}_{i,t-1}$，即可以使用上一期 $t-1$ 时期的企业年龄、资本与投资来表示（这是奥利和佩克斯（1996）论文中的一个贝尔曼等式的推论）。亚萨尔、拉齐博尔斯基和波伊（2008）采用了一个Probit 模型来计算这个可以被预测的概率 $\hat{P}_{it}$，其方程如下：

$$y_{it} - \hat{\beta}_e e_{it} = \beta_k k_{it} + \beta_a a_{it} + h(\hat{\varphi}_{t-1} - \beta_k k_{i,t-1} - \beta_a a_{i,t-1}, \hat{P}_{it}) + \sigma_{it} \qquad (4-11)$$

并且，与亚萨尔、拉齐博尔斯基和波伊（2008）类似，假定 $\varphi(\cdot)$ 和 $h(\cdot)$ 为二阶多项式序列。我们利用参数基于方程（4-12）估计企业的全要素生产率：

$$TFP_{it}^{OP} = y_{it} - \hat{\beta}_e e_{it} - \hat{\beta}_k k_{it} \qquad (4-12)$$

4.2.4 Logit 回归模型说明

Logit 模型主要应用在研究某些现象发生的概率 p。显然作为概率，一定有 $0 \leqslant p \leqslant 1$，因此很难用线性模型描述概率 p 与自变量的关系，另外如果 p 接近两个极端值，此时一般方法难以较好地反映 p 的微小变化。为此在构建 p 与自变量关系的模型时，变换一下思路，不直接研究 p，而是研究 p 的一个严格单调函数 $G(p)$，并要求 $G(p)$ 在 p 接近两端值时对其微小变化很敏感，于是 Logit 变换被提出来。

$$\text{Logit}(p) = \ln \frac{p}{1-p} \qquad (4-13)$$

其中当 p 从 0→1 时，$\text{Logit}(p)$ 从 $-\infty \to +\infty$，这个变化范围在模型数据处理上带来很大的方便，解决了上述面临的难题。另外从函数的变形可得如下等价的公式：

$$\text{Logit}(p) = \ln \frac{p}{1-p} = \beta^T X \Rightarrow p = \frac{e^{\beta^T X}}{1 + e^{\beta^T X}} \qquad (4-14)$$

式（4-14）的基本要求是，因变量（y）是个二元变量，仅取 0 或 1 两个值，而因变量取 1 的概率 $P(y=1 \mid X)$ 就是模型要研究的对象。而 $X = (1, x_1, x_2, \dots, x_k)^T$，其中 x_i 表示影响 y 的第 i 个因素，它可以是定性变量也可以是定量变量，$\beta = (\beta_0, \beta_1, \dots, \beta_k)^T$。为此模型可以表述成：

$$\ln \frac{p}{1-p} = \beta_0 + \beta_1 x_1 + \dots + \beta_k x_k \Rightarrow p = \frac{e^{\beta_0 + \beta_1 x_1 + \dots + \beta_k x_k}}{1 + e^{\beta_0 + \beta_1 x_1 + \dots + \beta_k x_k}} \qquad (4-15)$$

显然 $E(y) = p$，故模型（4-15）表明 $\ln \frac{E(y)}{1-E(y)}$ 是 x_1，x_2，…，x_k 的线性函数。则此回归方程为 Logit 回归模型。

4.3 数据来源与描述统计

4.3.1 数据来源

我们使用 1998 ~ 2013 年《中国工业企业数据库》与 1983 ~ 2016 年商务部《境外投资企业（机构）名录》两者作为数据来源。

其中，《中国工业企业数据库》记录了全国当年销售额 500 万元以上的企业的注册信息、经营信息、财务信息、人员信息、研发信息等数据，尽管年销售额使得被收录入该数据库的企业样本有偏，但通常而言年销售额小于 500 万元的农业企业为中小企业，其是否开展海外投资对中国企业农业对外投资的整体影响不大，因此没有被收录进样本中，可以看作并不影响本章实证的代表性。而《境外投资企业（机构）名录》记录了 1983 年以来全国所有海外投资项目信息。在中国工业企业数据库的相关清洗中，我们还参考夏业良和程磊（2010）、覃毅和张世贤（2011）与田巍和余淼杰（2012）对中国工业企业数据进行的清洗处理，删除了重复统计样本以及缺少流动资产规模、资产总计、主营收入与从业人员等关键变量的数据样本。

首先，对中国工业企业数据库进行行业筛选，保留了所有行业变量属于涉农行业的企业样本（筛选过程按照行业代码进行，保留的行业代码如表 4 - 1 所示）；其次，经过筛选保留了《境外投资企业（机构）名录》中涉农海外投资的投资项目数据；最后，将两者进行匹配，综合两者得到了本章用于进行实证估计的数据库。尽管先对中国工业企业数据库进行行业筛选，再与后者进行匹配可能会损失一部分开展农业对外投资但国内主体属于非农行业的企业样本，但是为了满足 HMY 模型基于同行业推论得出理论预期的严谨性，我们仅用中国涉农企业与其农业对外投资行为开展本章实证研究。

表4-1 中国工业企业数据库涉农企业筛选参考行业代码

代码	行业	代码	行业
01	**农业**	0222	竹材的采运
011	谷物及其他作物的种植	0230	林产品的采集
0111	谷物的种植	**03**	**畜牧业**
0112	薯类的种植	0310	牲畜的饲养
0113	油料的种植	0320	猪的饲养
0114	豆类的种植	0330	家禽的饲养
0115	棉花的种植	0340	狩猎和捕捉动物
0116	麻类的种植	0390	其他畜牧业
0117	糖料的种植	**04**	**渔业**
0118	烟草的种植	041	海洋渔业
0119	其他作物的种植	0411	海水养殖
012	蔬菜、园艺作物的种植	0412	海洋捕捞
0121	蔬菜的种植	042	内陆渔业
0122	花卉的种植	0421	内陆养殖
0123	其他园艺作物的种植	0422	内陆捕捞
013	水果、坚果、饮料和香料作物的种植	**05**	**农林牧渔服务业**
0131	水果、坚果的种植	051	农业服务业
0132	茶及其他饮料作物的种植	0511	灌溉服务
0133	香料作物的种植	0512	农产品初加工服务
0140	中药材的种植	0519	其他农业服务
02	**林业**	0520	林业服务业
021	林木的培育和种植	053	畜牧服务业
0211	育种和育苗	0531	兽医服务
0212	造林	0539	其他畜牧服务
0213	林木的抚育和管理	0540	渔业服务业
022	木材和竹材的采运	**13**	**农副食品加工业**
0221	木材的采运	1310	谷物磨制

续表

代码	行业	代码	行业
1320	饲料加工	143	方便食品制造
133	植物油加工	1431	米、面制品制造
1331	食用植物油加工	1432	速冻食品制造
1332	非食用植物油加工	1439	方便面及其他方便食品制造
1340	制糖	1440	液体乳及乳制品制造
135	屠宰及肉类加工	145	罐头制造
1351	畜禽屠宰	1451	肉、禽类罐头制造
1352	肉制品及副产品加工	1452	水产品罐头制造
136	水产品加工	1453	蔬菜、水果罐头制造
1361	水产品冷冻加工	1459	其他罐头食品制造
1362	鱼糜制品及水产品干腌制加工	146	调味品、发酵制品制造
1363	水产饲料制造	1461	味精制造
1364	鱼油提取及制品的制造	1462	酱油、食醋及类似制品的制造
1369	其他水产品加工	1469	其他调味品、发酵制品制造
1370	蔬菜、水果和坚果加工	149	其他食品制造
139	其他农副食品加工	1491	营养、保健食品制造
1391	淀粉及淀粉制品的制造	1492	冷冻饮品及食用冰制造
1392	豆制品制造	1493	盐加工
1393	蛋品加工	1494	食品及饲料添加剂制造
1399	其他未列明的农副食品加工	1499	其他未列明的食品制造
14	**食品制造业**	**15**	**饮料制造业**
141	焙烤食品制造	1510	酒精制造
1411	糕点、面包制造	152	酒的制造
1419	饼干及其他焙烤食品制造	1521	白酒制造
142	糖果、巧克力及蜜饯制造	1522	啤酒制造
1421	糖果、巧克力制造	1523	黄酒制造
1422	蜜饯制作	1524	葡萄酒制造

续表

代码	行业	代码	行业
1529	其他酒制造	**26**	**化学原料及化学制品制造业**
153	软饮料制造	262	肥料制造
1531	碳酸饮料制造	2621	氮肥制造
1532	瓶（罐）装饮用水制造	2622	磷肥制造
1533	果菜汁及果菜汁饮料制造	2623	钾肥制造
1534	含乳饮料和植物蛋白饮料制造	2624	复混肥料制造
1535	固体饮料制造	2625	有机肥料及微生物肥料制造
1539	茶饮料及其他软饮料制造	2629	其他肥料制造
1540	精制茶加工	263	农药制造
16	**烟草制品业**	2631	化学农药制造
1610	烟叶复烤	2632	生物化学农药及微生物农药制造
1620	卷烟制造	**27**	**医药制造业**
1690	其他烟草制品加工	2730	中药饮片加工
20	**木材加工及木、竹、藤、棕、草制品业**	2740	中成药制造
201	锯材、木片加工	2750	兽用药品制造
2011	锯材加工	2760	生物、生化制品的制造
2012	木片加工	**34**	**金属制品业**
202	人造板制造	3423	农用及园林用金属工具制造
2021	胶合板制造	**36**	**专用设备制造业**
2022	纤维板制造	363	食品、饮料、烟草及饲料生产专用设备制造
2023	刨花板制造	3631	食品、饮料、烟草工业专用设备制造
2029	其他人造板、材制造	3632	农副食品加工专用设备制造
203	木制品制造	3633	饲料生产专用设备制造
2031	建筑用木料及木材组件加工	367	农林牧渔专用机械制造
2032	木容器制造	3671	拖拉机制造
2039	软木制品及其他木制品制造	3672	机械化农业及园艺机具制造
2040	竹、藤、棕、草制品制造	3673	营林及木竹采伐机械制造

续表

代码	行业	代码	行业
3674	畜牧机械制造	6327	烟草制品批发
3675	渔业机械制造	6329	其他食品批发
3676	农林牧渔机械配件制造	6366	化肥批发
3679	其他农林牧渔业机械制造及机械修理	6367	农药批发
58	**仓储业**	6368	农用薄膜批发
5810	谷物、棉花等农产品仓储	6371	农业机械批发
63	**批发业**	**65**	**零售业**
631	农畜产品批发	652	食品、饮料及烟草制品专门零售
6311	谷物、豆及薯类批发	6521	粮油零售
6312	种子、饲料批发	6522	糕点、面包零售
6313	棉、麻批发	6523	果品、蔬菜零售
6314	牲畜批发	6524	肉、禽、蛋及水产品零售
6319	其他农畜产品批发	6525	饮料及茶叶零售
632	食品、饮料及烟草制品批发	6526	烟草制品零售
6321	米、面制品及食用油批发	6529	其他食品零售
6322	糕点、糖果及糖批发	**73**	**租赁业**
6323	果品、蔬菜批发	7312	农业机械租赁
6324	肉、禽、蛋及水产品批发	**75**	**研究与试验发展**
6325	盐及调味品批发	7530	农业科学研究与试验发展
6326	饮料及茶叶批发		

4.3.2 TFP 计算与描述统计

1. TFP 计算

按照 4.2.3 中全要素生产率计算方法对所有样本观测值在当年的全要素生产率进行了计算。其计算后的显著性结果如表 4-2 所示。由表 4-2 可知，企业资本边际投入与劳动力边际投入对企业边际销售额具有显著的促进作用，而企业成立年龄对企业边际销售额没有显著影响。

表4-2   OP全要素生产率计算显著性

变量	ln_mopen
age	-0.000134 (-1.33)
ln_totlast	0.611 *** (90.22)
ln_yedemply	0.126 *** (42.67)
N	446 003

注：括号内的值为 t 值，*** 、 ** 、 * 分别表示通过 0.1%、1% 和 5% 的显著性检验。

2. 变量的描述统计

经过对数据库的匹配与清洗，得到了最终用于进行估计的数据库，其描述统计特征如表4-3所示。

表4-3   自变量与因变量描述统计表

变量	样本数/频率 (N)	平均值 (Mean)	标准差 (Sd)	最小值 (Min)	最大值 (Max)
year	446 003	2 006	3.946	1 998	2 013
odi	=0, 442 664; =1, 3 339	0.00749	0.0862	0	1
ownership	=0, 379 421; =1, 66 582	0.149	0.356	0	1
frg	=0, 417 694; =1, 28 309	0.0635	0.244	0	1
ln_tfp	445 759	6.590	1.011	0.343	12.36
age	445 759	8.459	6.782	0	34

由表4-2可知，共有企业面板样本观测值446 003个。其中，由于部分

样本观测值缺少足够财务与经营信息，而无法计算得到全要素生产率，使得有效样本数量仅为 445 759 个，占比 99.95%。其年度数量分布如图 4-2 所示，其中入样本年度数量最高值为 2009 年有 5.54 万个企业样本观测值进入估计样本，而入样本年度数量最小值为 2013 年，仅有 1.13 万个企业样本观测值进入估计样本。

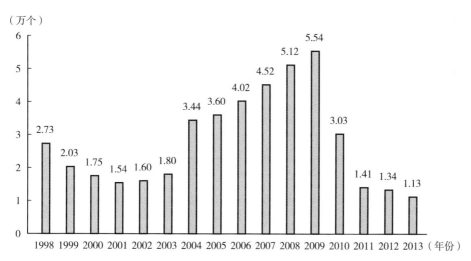

（万个）

图 4-2　假说 4-1 实证检验中总体企业样本逐年数量（1998～2013 年）

在 446 003 个总体样本观测值中，有 442 664 个样本观测值未开展农业对外投资，有 3 339 个样本观测值开展了农业对外投资，开展农业对外投资的样本观测值占据总体样本观测值的 0.75%。1998～2013 年开展农业对外投资的中国企业样本观测值数量，如图 4-3 所示。其中最大值为 2009 年的 433 个企业样本观测值入选样本，最小值为 1998 年的 31 个企业样本观测值入选样本。

在 446 003 个总体样本观测值中，有 379 421 个样本观测值为非国有企业，有 66 582 个样本观测值为国有企业，国有企业样本观测值占据总体样本观测值的 14.93%，1998～2013 年企业样本数量如图 4-4 所示，其中最大值为 1998 年的 15 167 个企业样本，最小值为 2001 年、2002 年、2005 年 3 年中未有国有企业样本入选，由此可以判断中国工业企业数据库存在一定程度上的数据缺失。事实上，鲁晓东和连玉君（2012）以及聂辉华、江艇和杨汝岱

（2012）在其研究中指出这一问题，并从数据清洗方法上对此问题的影响进行了修补，本章中我们也将参考这些研究中的方法进行数据清洗。

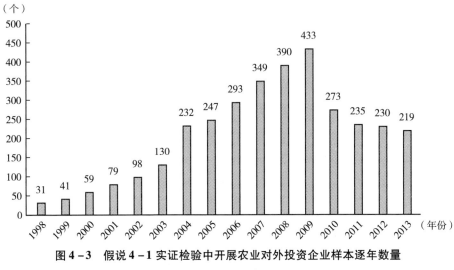

图 4 - 3　假说 4 - 1 实证检验中开展农业对外投资企业样本逐年数量

（1998 ~ 2013 年）

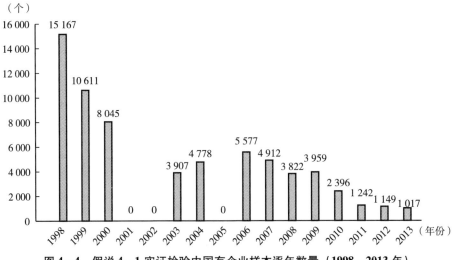

图 4 - 4　假说 4 - 1 实证检验中国有企业样本逐年数量（1998 ~ 2013 年）

在 446 003 个总体样本观测值中，有 41 769 个样本观测值未接受过外商投资，有 28 309 个样本观测值接受过外商投资，接受过外商投资的样本观测值占总体样本观测值的 6.35%。2006～2013 年企业样本数量如图 4-5 所示，其中由图可知，关于企业是否接受过外商直接投资信息，仅从 2006 年之后才开始具有，其中最大值为 2013 年的 13 339 个企业样本，最小值为 2012 年的 1 750 个企业样本。

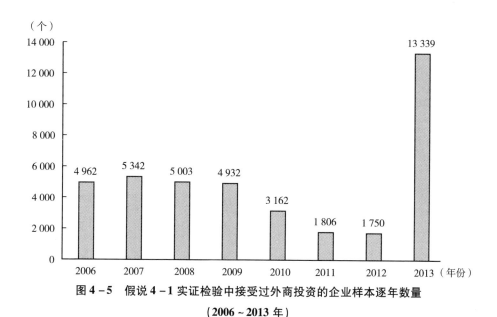

图 4-5 假说 4-1 实证检验中接受过外商投资的企业样本逐年数量

（2006～2013 年）

而以企业年龄来看，企业最大的年龄是 34 年，即设立于 1979 年，这是由于在数据清洗过程中，我们删除掉了非常少数几十个改革开放之前建立的企业。而最小的年龄为 0 年，即设立于 2013 年。

4.4　实证结果与讨论

4.4.1　估计结果

估计方程式（4-1）与式（4-2）的估计结果如表4-4所示。估计过程中的 Hausman 检验结果如表4-5所示。

表4-4　　　　　　　　　　　　　　　　估计结果

变量	面板固定效应 Logit 模型	面板随机效应 Logit 模型	加入固定效应的 混合数据 IRLS 估计
	odi	*odi*	*odi*
ln_*tfp*（全要素生产率的自然对数）	4.177 *** （3.33）	1.557 *** （16.76）	0.997 *** （65.01）
Ownership（国有产权属性）	-16.08 （-0.01）	-1.116 *** （-4.81）	-0.630 *** （-10.85）
Frg（外商投资属性）		0.123 （0.63）	-0.359 *** （-5.97）
Age（企业成立年龄）	-0.00302 （-0.03）	-0.0243 * （-2.31）	-0.0102 *** （-3.78）
Id（企业固定效应）			是
Sgnyea（年份固定效应）			是
Cons（常数项）		-32.46 *** （-48.29）	-201.7 *** （-16.22）
N（有效样本观测值）	123 *	445 759	445 759

注：括号内的值为 t 值，***、**、* 分别表示通过 0.1%、1% 和 5% 的显著性检验。使用固定效应进行估计时样本数量较小的原因，是由于 Logit 模型在进行面板数据估计时，要求组间方差不能为零，因此那些从始至终都没有开展过农业对外投资的企业样本观测值在估计中被删除。

表 4 – 5	Hausman 检验结果
Chibar2	P – value
4. 36	0. 113

注：*** 、** 、* 分别表示通过 0.1% 、1% 和 5% 的显著性检验。

由表 4 – 5 可知，不能拒绝"随机效应模型"的原假设。而由表 4 – 4 面板固定效应模型估计的有效样本观测值可知，由于许多企业在 2013 年之前均未开展农业对外投资，致使因变量 ODI 存在大量的组间方差为零的情况，使得在面板数据估计中 Logit 估计无法保障有效性。综上所述，相比面板固定效应模型的估计结果，面板随机效应 Logit 模型或加入了固定效应的混合数据迭代重加权最小二乘的估计结果，更为合理，即表 4 – 4 中的右边两列。

此外，在针对实证结果进行详细讨论之前，还应对实证结果进行稳健性估计。尤其是企业可能通过开展农业对外投资而实现了学习效应或逆向技术溢出效应，从而提高了其全要素生产率，换言之，开展农业对外投资对其全要素生产率具有影响，即自变量关于因变量可能具有内生性。因此，我们参考田薇与余淼杰（2012）的做法，使用企业在上一年度的全要素生产率作为企业当年全要素生产率的工具变量，进行稳健性检验。这在经济学逻辑上具有一定合理性。因为企业的农业对外投资行为即便对企业全要素生产率存在影响，也只会影响投资当年及之后的全要素生产率，而不会影响投资年份之前的全要素生产率。因而我们利用时间的不可逆性，保证了所选工具变量的外生性。加入了工具变量后的稳健性估计结果如表 4 – 6 所示。

表 4 – 6	采用工具变量的稳健性估计结果	
变量	面板固定效应 Logit 模型	加入固定效应的 混合数据 IRLS 估计
	odi	*odi*
L. ln_*tfp*（上一年全要素生产率的自然对数）	1. 329 *** (13. 51)	0. 986 *** (54. 46)
Ownership（国有产权属性）	– 0. 835 ** (– 2. 77)	– 0. 615 *** (– 9. 13)

变量	面板固定效应 Logit 模型	加入固定效应的 混合数据 IRLS 估计
	odi	*odi*
Frg（外商投资属性）	-0.104 （-0.40）	-0.414*** （-6.01）
Age（企业成立年龄）	-0.0366* （-2.54）	-0.0127*** （-3.96）
Id（企业固定效应）		是
Sgnyea（年份固定效应）		是
Cons（常数项）	-40.44*** （-58.28）	-230.5*** （-14.95）
N（有效样本观测值）	282 712	282 712

注：***、**、*分别表示通过 0.1%、1% 和 5% 的显著性检验。

4.4.2 结果讨论

由表 4-4 与表 4-6 可知，在面板随机效应模型与加入固定效应的混合数据 GLS 的估计结果中，各参数显著性与影响方向具有较好的一致性。下面对估计结果进行逐变量讨论。

第一，观察全要素生产率自然对数的参数，可知开展农业对外投资的中国企业，其全要素生产率显著高于未开展农业对外投资的中国农业企业，换言之，中国企业农业对外投资显著符合 HMY 模型的理论预期。该结果在使用工具变量后仍然保持了非常好的稳健性。

第二，观察企业国有产权属性的参数，可知国有企业开展农业对外投资的概率要显著低于非国有企业，换言之，企业的国有产权属性对开展农业对外投资具有负面抑制作用。这一点也从侧面反映出，在中国企业农业对外投资中，具有政府支持与引导的动机并不显著，更多的仍然是企业自发市场行为，也体现出中国农业企业正在加快融入农业全球化的发展大潮中。当然这并不代表国有企业在中国企业农业对外投资中不重要。尽管国有企业数量并不占据开展农业对外投资企业数量的大比例，甚至对企业开展农业对外投资行为具有负面制约影响，然而事实上由第 3 章中关于中国企业农业对外投资发展的现状描述可知，国有企业开展农业对外投资的平均金额要远远高于私营企业，尤其是在中国海外农业大宗投资项目中，绝大多数均为国有企业发起，因此从这个角度而言并不能就此否定国有企业在中国企业农业对外投资发展中的重要性。

第三，观察企业是否接受过外商投资的参数，并不具有稳健性影响。由于稳健性检验是采取工具变量法进行，其目的正是在于消除外商投资对投资目标企业的全要素生产率特征可能存在一定偏好引起的逆向选择内生性影响，而两次估计的显著性差异正说明了确实可能存在这一逆向选择过程，即外商投资在进行企业目标选择时可能会偏好那些原本就具有更高全要素生产率的企业，这一点也已经被其他相关计量检验所证实（刘乃郗、韩一军和王萍萍，2018）。

第四，观察企业年龄的参数，可知企业年龄增长对于中国企业农业对外投资行为具有显著的抑制作用，且估计结果较为稳健。这验证了我们在前面理论讨论中关于企业年龄可能会削弱企业风险偏好的猜想。

第五，企业的个体固定效应与年份的时间固定效应均显著，且较为稳健。这也符合我们在关于将这两个变量加入估计方程时，对于企业个体效应（如企业经理风险偏好、企业职工的外语能力等）与年份固定效应（如宏观经济环境影响）理由的猜想与解释。

4.5 本 章 小 结

综上所述，我们通过基于 1998～2013 年 445 759 个中国涉农企业的面板观测值，其中包含 3 339 个样本观测值开展了农业对外投资，使用面板随机效应 Logit 模型与加入固定效应的 Logit 迭代重加权最小二乘估计，利用工具变量修正了可能存在的内生性影响，得到了非常稳健的估计结果，完全证实了我们在本章提出的实证假说 4-1：中国涉农企业的全要素生产率及其国有产权属性对企业选择开展农业对外投资的行为分别具有显著的正面与负面影响。中国企业农业对外投资行为显著符合 HMY 模型的理论预期。由此，为我们在 HMY 模型的理论基础上，进一步对中国企业农业对外投资模式选择开展实证研究奠定了可靠性基础。

第 5 章

中国企业农业对外投资模式选择：
绿地还是并购

我们对中国企业农业对外投资是否满足 HMY 理论预期进行了实证检验，发现中国企业农业对外投资显著满足 HMY 模型的理论预期，这为我们在其基础上进一步展开实证研究提供了可靠的前提保障。在 HMY 模型之后，诺克和耶普尔（Nocke and Yeaple，2007）进一步对国际生产组织中的企业异质性内涵进行了挖掘，在 HMY 模型的基础上更进一步将企业异质性引入对企业海外投资模式选择的讨论当中。本章中，我们将 HMY 模型与 NY 模型的理论预期相结合，联合推理提出了适合进行实证检验的企业海外投资模式选择理论假说，并基于此针对中国企业农业对外投资在维度一（绿地投资与跨国并购）上的模式选择分布，基于 3 400 多个中国企业农业对外投资项目微观样本进行了实证检验，由此对中国企业农业对外投资在绿地投资与跨国并购之间模式选择的内在机制进行了更为深入的理解。

5.1 企业异质性影响"绿地—并购"
模式选择的理论基础

5.1.1 NY 模型的理解

HMY 模型给出了在全要素生产率异质性视角下，企业在对外投资、出口

95

贸易与服务国内市场之间的选择顺序，发现同一行业中具有最高全要素生产率的企业将会从事对外投资，次之选择出口贸易，再次之选择国内市场。然而，进一步思考会发现这样的顺序基于一个非常强硬的假设前提，即企业的全要素生产率是外生的禀赋，而不会随着环境的改变而改变。这显然与现实中的情况并不相符。一家企业在国内生产时可能具有较高的全要素生产率，然而在其开展海外投资的项目中，并不一定仍然能发挥出相当的全要素生产率。

诺克和耶普尔（2007）由此将在国际生产组织中的企业异质性内涵进一步理解为企业全要素生产率的跨境流动性（cross-border mobility），并据此将所有的行业分为需要企业核心能力跨境流动性较强与较弱的行业，即分别需要跨境流动能力较强的企业核心能力（跨境流动性能力，mobile capability）如技术与生产流程管理经验等的行业（mobile industry）和跨境流动能力较弱的企业核心能力（非跨境流动性能力，immobile capability）如市场营销经验与社会关系等的行业（immobile industry），通过子博弈精炼均衡求解，得到了从企业异质性视角出发影响企业国际生产组织行为在绿地投资、跨国并购与出口贸易之间进行选择的一个理论预期，即在需求企业核心能力跨境流动性较强的行业中，表现最好的企业将首先采取绿地投资模式，其次选择出口，最后才是跨境并购；而在需求企业核心能力跨境流动性较弱的行业中，表现最好的企业将首先选择跨境并购，其次选择绿地投资，最后才是出口。

事实上，在诺克和耶普尔（2007）的多重博弈均衡模型中，跨境流动性能力被界定为具有更低的跨境调整与迁移成本的企业能力，而非跨境流动性能力被定义为具有更高的跨境调整与迁移成本的企业能力。通过这样的方式，就可以把企业的海外投资行为与出口贸易行为的成本公式区分开来。因此，从 NY 模型的理论构建来看，可以更好地理解 NY 模型的内涵，或者说企业在海外投资模式维度一（绿地投资与跨国并购）两者之间进行选择时的内在机制。

通常来说，与绿地投资相比，跨国并购代表着企业会至少在一定程度上交易差异化的公司资产来实现互补的合作目标（Nocke and Yeaple，2008），而也有观点认为跨国并购通常需要更多的资本支持与蕴含着更高的经营风险（Wang，2009）。因而从这样的一个角度而言，在绿地投资与跨国并购之间的选择，在一定程度上类似企业要在低风险低成本的短期回报与高风险高成本的长期回报之间做出权衡决策。当然，短期回报与长期回报的大小并不具有固定比例关系，且并不是说企业一定同时拥有可以选择二者的能力。要理解这一点，就需要进一步理解 NY 模型的内涵。如果我们把全球市场看作是一个不存在海外投资壁垒的统一市场，那么可以更容易理解 NY 模型的两点结论。

第一，在被跨境流动性能力主导的行业中，显然已经具有知识产权、技术优势与管理经验等跨境流动性能力层面的优势，具有更高生产率的企业会倾向于选择绿地投资，以使其在全球竞争中可以持续保持着已有的独特优势，从而确保短期回报的可持续性。现实中的农业产业环节如基因育种、作物保护、农业机械与加工等，此类产业环节所属企业在中国及其他国家的外商直接投资大多以绿地投资形式开展。而相比那些在该行业中，知识产权、技术优势与管理经验等跨境流动性能力层面不具备优势，但仍具备并购投资扩张资本与能力，具有相对较低生产率的企业只能通过跨国并购与国内并购方式，基于知识溢价、技术的逆向溢出效应与学习效应来实现长期竞争力与回报的提升。席夫鲍尔（Schiffbauer，2009）、斯蒂贝尔和金东英（Stiebale and Trax，2011）的实证研究证明了跨国并购确实具有这些方面的益处。最终，那些生产率最低的企业，既没有跨境流动性能力层面的优势，也不具备进行并购的资本与能力，则只能等着被外商投资或国内投资并购，或退出市场竞争。

第二，在被非跨境流动性能力主导的行业中，那些诸如本土化要求、市场营销经验、社会网络关系与特殊的管理经验与体系等非跨境流动性能力优势，都不可能在开展投资之前取得，而相比绿地投资，跨国并购更容易且可以更快地取得这些非跨境流动性能力层面的补充，使得那些具有较高生产率的企业会通过向已经具有此类能力的企业发起跨国并购与国内并购，以获取这些非跨境流动性能力层面的优势。而生产率较低的企业只能选择服务国内市场，不具备开展海外投资的能力。由于 HMY 模型的理论预期已经说明，在同一行业中具有最高生产率的企业群体才会开展海外投资，因此，我们也可以忽略那些在国内进行并购的企业，而只关注那些会从事跨国并购即生产率最高的企业。

此外，在诺克和耶普尔（2007）的理论模型中，为了方便进行子博弈均衡求解，假定了每一个企业只具备一种跨境流动性能力或非跨境流动性能力。然而这在现实中却并不现实。一家跨国企业不仅具备多样化的能力组合，甚至也不仅只在同一行业内进行投资，而同时在多样化的行业中进行投资扩张。这代表着有时候可以从同一家跨国公司在不同国家与不同行业中的海外投资项目中，发现采取了不同的投资模式。诺克和耶普尔（2008）在其实证研究结果中提出了两个 NY 模型的推论预期：一是企业国际生产组织行为分布特征会因为行业区别而呈现差异性；二是在同一行业中企业国际生产组织行为分布特征会因为不同国家的区别而呈现差异性，而在既往文献中也有部分研究发现东道国的国家特征对外商直接投资模式有一定影响（Kalkbrenner，2010；Byun，Lee and Park，2012；Ayca，2012）。

针对这两项推论预期，在 NY 模型基础上，刘和布兰福德（Liu and Blandford，2017）参考 NY 模型的构建模式，将企业国际生产组织行为分为服务国内市场、出口贸易、绿地投资、跨国并购，其中出口贸易需承担克服贸易壁垒的成本，而绿地投资与跨国并购分别承担不同跨境流动性能力的海外调整与跨境转移成本，参考克鲁格曼（1979）认为国际贸易与投资会扩大市场需求，且与此同时需求弹性会递减与部分企业会退出市场的两个前提假设，在此我们进一步放松单个企业仅具有一种流行性能力或非跨境流动性能力的强约束假设，结合 HMY 模型的理论预期，发现行业所具备的跨境流动性能力要求仍然显著地主导了该行业内的海外投资模式选择；并进一步将国家的异质性特征看作对企业核心能力跨境流动性的影响参数，发现国家的异质性确实对企业海外投资模式选择具有影响；然后，通过 2 200 多个中国海外大宗（交易金额超过 1 亿美元）投资项目的样本资料实证验证了这两项推论。

由此，在以上关于 NY 模型的理解基础上，我们进一步做出了本章欲进行实证检验的推论假说。

5.1.2　实证假说

根据以上所述，HMY 模型的理论预期证明了在同一行业中只有全要素生产率最高的企业会选择海外投资，并且在第 4 章中我们已经通过基于企业层面的微观面板数据证明了这一理论预期在中国企业农业对外投资行为中同样成立。而根据 NY 模型的理论预期，在分别被跨境流动性能力与非跨境流动性能力主导的行业中，具有最高全要素生产率的企业会分别选择绿地投资与跨国并购的海外投资模式。因此，将这两个理论预期相结合，我们可以得到假说 5 - 1。

假说 5 - 1：我们预期在中国企业农业对外投资项目中，在被跨境流动性能力主导的产业环节中可以看到更多的绿地投资模式选择，以及在被非跨境流动性能力主导的产业环节中可以看到更多的跨国并购模式选择。

此外，根据诺克和耶普尔（2008）与刘和布兰福德（2017）对 NY 模型推论预期的讨论，我们还可以得到假说 5 - 2。

假说 5 - 2：我们预期在中国企业农业对外投资的项目中，在那些具有对企业跨境流动性能力更低限制的东道国中，如更低的外商投资限制、更低的商业投资起步成本与更成熟的商业环境等，可以观察到更多的绿地投资模式选择或者说更少的跨国并购模式选择。

最后，邓宁（2012）总结了国际商务学领域（international business）的四种企业海外投资动因：市场寻求、自然资源、效率寻求（成本节省）、战略资产寻求。而在既往文献中，有部分学者通过实证研究证实了其中效率寻求（成本节省）动因具有提高选择绿地投资的倾向（Hijzen、Görg and Manchin，2008；Nocke and Yeaple，2008；Chen and Moore，2010；Chen，2010），而自然资源与战略资产寻求动因具有提高选择跨国并购的倾向（Huang and Wang，2011；2013）。事实上，通过上面对 NY 模型的理解讨论，该两点正是不同行业中企业选择绿地投资或跨国并购模式的内在机制之一。由此，我们可以得到本章的假说 5 - 3。

假说 5 - 3：我们预期在中国企业农业对外投资项目中，在具有更低平均生产成本的东道国可以观察到更多的绿地投资模式选择，而在与自然资源结合更加紧密的产业环节中可以观察到更多的跨国并购模式选择。

本章将基于中国企业农业对外投资的 3 400 多个项目的微观数据，对上述三条假说进行检验。

5.2 实证模型与变量说明

5.2.1 实证模型

参考既往文献，我们使用面板数据 Logit 模型来进行估计，根据假说 5 – 1 ~ 假说 5 – 3，建立估计方程如下所示：

$$
\begin{aligned}
Pr(ODImode_i = 1 \mid X_i) = {} & \beta_0 + \beta_1 Year_i + \beta_2 ID + \beta_3 MobilityScore_i + \beta_4 SBDTF_i \\
& + \beta_5 DCPDTF_i + \beta_6 GEDTF_i + \beta_7 RPDTF_i \\
& + \beta_8 GCDTF_i + \beta_9 PTDTF_i + \beta_{10} TABDTF_i \\
& + \beta_{11} ECDTF_i + \beta_{12} NR_i + \beta_{13} LC_i + \varepsilon_i
\end{aligned}
\qquad (5-1)
$$

其中，i 代表着每一项中国企业农业对外投资项目的独立标识。

5.2.2 变量说明

变量定义与取值如表 5 – 1 所示。

表 5 – 1　　　　　　　　　　　变量定义与取值

变量名称	代表概念	取值	取值界定
ODImode	海外投资模式选择	0 ~ 1 虚拟变量	=1，绿地投资；=0，跨国并购
Year	年份	年份	投资项目发起年份
ID	企业标识	序列数值	每一家企业独立性标识，数值大小无实际意义
MobilityScore	企业业务活动所涉行业所需跨境流动性能力指数	– 4 ~ 5 的整数值	数值越大，代表企业业务活动所涉行业所需跨境流动性能力越大，该数值参考既往文献，根据各企业业务所属行业加总计算得到，在下文会进一步说明

续表

变量名称	代表概念	取值	取值界定
SBDTF	发起商业活动成本（starting a business）的 DTF 指数（distance to frontier，下同）	0 ~ 100 的整数值	DTF 指数，世界银行数据库提供，在下文会对其计算逻辑与构成给予说明。下同
DCPDTF	建设许可成本（dealing with construction permits）的 DTF 指数	0 ~ 100 的整数值	DTF 指数
GEDTF	获取电力时间与成本（getting electricity）的 DTF 指数	0 ~ 100 的整数值	DTF 指数
RPDTF	资产注册时间与成本（registering property）的 DTF 指数	0 ~ 100 的整数值	DTF 指数
GCDTF	融资可得性（getting credit）的 DTF 指数	0 ~ 100 的整数值	DTF 指数
PTDTF	税收（paying tax）的 DTF 指数	0 ~ 100 的整数值	DTF 指数
TABDTF	进出口贸易成本（trading across borders）的 DTF 指数	0 ~ 100 的整数值	DTF 指数
ECDTF	履约保障与法律体系（enforcing contracts）的 DTF 指数	0 ~ 100 的整数值	DTF 指数
NR	该企业所经营业务活动是否依赖于农业自然资源的指数	0 ~ 4 的整数值	数值越大，代表该企业所涉业务活动越依赖于农业自然资源
LC	投资东道国在投资项目发起当年的平均劳动力成本	人均国民收入，美元	数值越大，表示劳动力成本越高

其中，关于变量的构成有三点需要进一步补充说明：

第一，变量 MobilityScore 是根据中国企业海外投资项目信息，参考既往文献中的定义计算得到。通常来说，在既往文献中有三种方式定义企业所属产业环节的要素密集度（Deardoff，2014）：要素投入数量与要素价格、要素份额或要素之间边际替代率的比率。基于要素投入数量与要素之间边际替代率比率的计算方式，在部分文献中将中国企业分为劳动、资本与技术密集型（Buckle，Wang and Clegg，2007；Chun - Chien and Chih - Hai，2008；Sargent and Matthews，2008；Upward，Wang and Zheng，2013；Ma，Tang and Zhang，2014）。在此基础上，进一步参考诺克和耶普尔（2007）关于被跨境流动性能力与非跨境流动性能力主导的行业划分，将农业各产业环节分别划分为跨境流动性能力主导（计算时加 1 分）与非跨境流动性能力主导的行业（计算时减 1 分）。随后，我们将开展农业对外投资的中国企业，按照其各自在海外所涉经营活动划分为不同的产业环节，但同一家企业可能同时被划入多样的数个产业环节，最后将所属企业所涉的多个产业环节流动性得分相加，得到该企业投资项目的流动性得分。其中，种子育种、种植、养殖、捕捞采伐、生产加工、农机制造六个更加依赖于技术工艺、知识经验与技术劳动力的产业环节被分为跨境流动性能力主导产业环节，而将贸易进出口、设施建设、农业服务、仓储物流四个更加依赖于当地市场关系与营销网络的产业环节划入非跨境流动性能力主导的产业环节。类似地，我们将不同产业环节分为需要农业自然资源（记 1 分）与不需求农业自然资源（记 0 分）的产业环节，然后将各投资项目所涉产业环节加总得到其自然资源依赖性分值。

第二，DTF 指数（distance to frontier）是由世界银行 Doing Business 数据库提供的指数（在下面数据来源部分会对 Doing Business 数据库进行更为详细的描述），以反映各项指数中各国的排名情况。DTF 指数是由世界银行根据各国在各变量上的得分按照序列计分得到，其中在某一项变量的指数得分中，得分为 100 分的代表着当年在该变量上表现最好的国家，而得分 0 分代表着当年在该变量上表现最差的国家，某一国在该变量上得分指数分值的大小反映着当年其距离该变量表现最好的国家的距离，因此被称为与前沿的距离（DTF）指数。而 Doing Business 数据库统计了几十个国家每年的外商经营环境变量指数，因而各 DTF 指数相关变量可以充分反映各国在投资经商环境上的差距。

SBDTF 描述了在每个东道国发起商业活动成本的 DTF 指数，其衡量了在各东道国大中城市启动商业活动和正式运营中小型有限责任公司所需支付的道德最低资本要求、程序、时间和其他成本。

DCDTF 是在每个东道国经济体中申请建筑许可证的 DTF 指数，其衡量了在不同东道国大中城市建设仓库的程序、时间和成本，包括获取所需的许可证和执照，提交所需材料，请求和受到所有相关必要检查和获得生活辅助设施接入等。

GEDTF 是描述东道国经济中获得电力的 DTF 指数的测量。此变量旨在描述各东道国经济中的基础设施与结构水平，并跟踪企业为新建的仓库获取永久性电力连接所需的过程、时间和成本。

RPDTF 是描述东道国经济中登记财产 DTF 指数的测量。这个变量检查在各东道国注册财产时所涉及的步骤、时间和费用，例如，一个企业想要购买土地的标准和注册已经交易但仍存在所有权争议的建筑物。

GCDTF 是描述获得信用融资的 DTF 指数的测量。这一变量探讨了在各东道国信用报告制度的影响，以及抵押品和破产法在促进贷款方面的效力，并旨在描述东道国经济中的信贷市场环境。

PTDTF 是描述在不同东道国中进行纳税的 DTF 指数的测量。此变量记录不同东道国中型公司在某一年内必须支付或扣留的税款及其他强制性缴款，以及衡量缴纳税款和为执行缴款所负担的行政程序成本。

TABDTF 是描述在不同东道国中跨境交易的 DTF 指数的测量。针对这个变量，我们并没有使用关税数据的原因是因为没有足够的项目信息来定义每个中国企业农业对外投资项目的销售市场，但无论其目标市场是国内还是国外，前往投资东道国的贸易成本必然是一道关隘，因此我们利用世界银行公布的这一指数数据。该指数衡量了与三套贸易程序有关的时间和费用（不包括关税），包括出口与进口货物整个过程中的单据成本、出入境成本和东道国国内运输成本，以说明东道国国际贸易便利化的发展状况。

ECDTF 是指在不同东道国中出现违约时，通过法律方法来描述执行合同的 DTF 指数的测量。该指数衡量了各东道国当地初审法院和司法程序及其质量来衡量解决商业争端的时间和成本，并试图总体描述在东道国商业活动相关的法律环境水平。

第三，对于各国历年人均劳动力成本变量，由于缺少完整的数据来源，因此我们使用各国历年人均国民收入作为代理变量。

5.3　数据来源、描述统计与分布特征

5.3.1　数据来源

在本章的实证中，我们主要使用三项数据来源。

第一，根据《境外投资企业（机构）名录2016》筛选的"中国企业农业对外投资项目库"，共包括所有涉农海外投资项目基本信息：发起年份与月份、发起主体公司、发起主体公司所属省份、接受投资主体公司、投资东道国、海外投资经营业务内容。根据公司与投资项目信息，我们根据网络信息搜索对其进行了投资模式选择信息的补充，其中部分项目（约占36%）无法通过网络信息获知其投资模式选择信息，因此将接受投资主体公司在投资发起前就已经存在的外方公司的海外投资项目定义为跨国并购模式，将那些接受投资主体公司在投资发起年之前并不存在的公司海外投资项目定义为绿地投资模式。然后，根据该企业海外经营业务信息按照上面变量说明中的计算方式，计算得到了其对应核心自变量跨境流动性能力需求得分 *MobilitySocre* 与自然资源依赖性 *NR* 的值。

第二，针对每一个农业对外投资项目所投资的东道国的投资经商环境特征，我们使用世界银行数据库的 Doing Business 数据库，其包含了从2005～2013年世界190多个国家和地区的投资经商环境指数。我们选取了其中比较关键的八个方面的指数：发起商业活动成本指数、建设许可成本指数、获取电力时间与成本指数、资产注册时间与成本指数、融资可得性指数、税收指数、进出口贸易成本指数、履约保障与法律体系指数。

第三，随后我们根据世界银行数据库补充了每一项投资项目对应东道国在投资年度的劳动力成本（人均国民收入）数据。

经过以上三个方面的数据匹配，最终有效样本观测值数量为3 435个中国企业农业对外投资项目，占原始筛选所得中国企业农业对外投资项目数量3 588个的95.74%。

5.3.2 描述统计与分布特征

对估计方程式（5-1）中所涉变量的描述统计如表5-2所示。

其中，*MobilityScore* 指数的最大值为5，最小值为-4，其在各个得分上的样本数量如图5-1所示。由图5-1可知，其中最大值为当 *MobilityScore* 指数等于-1时，项目样本数量为1 056个；最小值为当 *MobilityScore* 指数等于

表 5 - 2   变量的描述统计

变量	样本数/频率（N）	平均值（Mean）	标准差（Sd）	最小值（Min）	最大值（Max）
MobilityScore（跨境流动性能力需求得分）	3 450	-0.162	1.410	-4	5
ODImode（海外投资模式选择）	=0，1 231；=1，2 219	0.643	0.479	0	1
SBDTF（发起商业活动成本指数）	3 450	77.89	15.86	16.65	99.96
DCDTF（建设许可成本指数）	3 341	60.02	20.46	4	94.46
GEDTF（获取电力时间与成本指数）	2 836	69.06	18.23	16.36	99.87
RPDTF（资产注册时间与成本指数）	3 450	73.60	12.90	0	97.04
GCDTF（融资可得性指数）	3 450	60.52	21.84	0	100
PTDTF（税收指数）	3 341	68.99	15.79	0	100
TABDTF（进出口贸易成本指数）	3 341	68.17	20.20	0	100
ECDTF（履约保障与法律体系指数）	3 450	66.12	13.84	3.590	93.36
NR（农业自然资源依赖性指数）	3 450	0.389	0.624	0	4
LC（东道国劳动力成本）	3 435	24 644	20 382	220	88 480

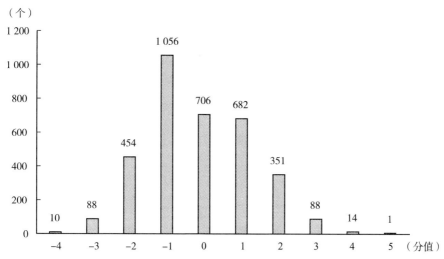

图 5 - 1 企业海外业务跨境流动性能力需求得分指数
（MobilityScore）各分值样本数量分布

5 时，仅有 1 个项目样本。其均值为 - 0.162，由图 5 - 1 也可知，存在显著左偏分布特征，中国企业农业对外投资项目的所有海外业务中，总体来看，跨境流动性能力需求偏低的项目占据大多数，或者说非跨境流动性能力的需求较高。这代表着中国企业农业对外投资中，依靠技术、知识等跨境流动性较高的能力优势开展投资的占少数，而多数仍然是以市场、自然资源等跨境流动性较弱的能力获取而开展海外投资。

　　而由 NR 的分布可知（见图 5 - 2），其中有占据 1/3 的项目其海外业务具有农业自然资源依赖性，也从另一个角度佐证了由图 5 - 1 得出的关于中国企业农业对外投资分布特征的判断。

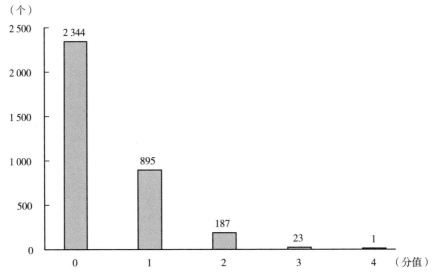

图 5 - 2　企业海外业务农业自然资源依赖性指数（NR）各分值样本数量分布

　　而东道国劳动力成本最大值为 88 400 美元每人每年，最小值为 220 美元每人每年，均值为 24 644 美元每人每年。其分布的密度估计如图 5 - 3 所示。由图 5 - 3 中的双峰可知，中国企业农业对外投资主要投往发展中国家与发达国家，而较少投往中等收入国家。

　　此外，由表 5 - 2 中 ODImode 的频率分布可知，在所有样本观测值中，有 1 231 个农业对外投资项目选择了跨国并购模式，而有 2 219 个农业对外投资项目选择了绿地投资模式，选择绿地投资模式的农业对外投资项目约占总体的 64.32%，这说明中国企业农业对外投资在第一维度上的分布特征以绿地投资模式为主。*ODImode* 逐年的分布变化如图 5-4 所示。

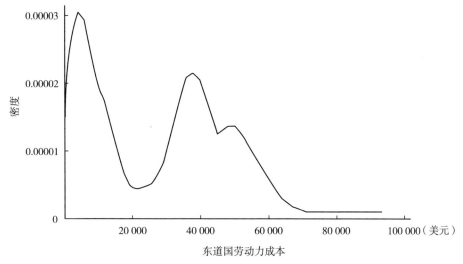

图 5-3　东道国劳动力成本密度分布

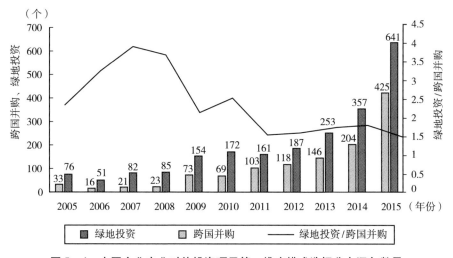

图 5-4　中国企业农业对外投资项目第一维度模式选择分布逐年数量

由图 5-4 可知，中国企业农业对外投资始终以绿地投资模式为主，但近年跨国并购的增长速度远远超过了绿地投资的增长速度，跨国并购模式在中国企业农业对外投资项目中的比例正快速上升，绿地投资与跨国并购的比值已经由2007年的最大值3.9下降到2015年的1.5。

带来这种变化的原因主要有三方面：一方面是国外许多大型农业跨国企业受到次贷危机后的长期经济低迷冲击致使估值降低，而我国农业企业入世以来已经积累了一定资本的比较优势，正好可以弥补国外许多农业企业迫切的发展融资需求；而另一方面随着全球范围内农业自然资源与初级产业环节的保护主义兴起，中国农业海外投资被迫沿着产业链，由低附加值环节投资逐渐向高附加值环节投资转移，而由于国外企业在高附加值环节已经形成一定垄断竞争优势，使得跨国并购成为中国农业走出去的新常态；最后一方面是中国企业农业对外投资发展显著落后于发达国家数十年，而中国农业在诸多方面也显著落后于发达国家，作为后发追赶地融入农业全球化，在中国企业农业对外投资项目中，具有显著的战略资产获取（技术、经验、国际产业链网络）的投资动因，促使中国企业农业对外投资具有朝着发达国家开展逆向投资的特征，而此类投资大多只能通过跨国并购模式实现。

而由图5-5可知，中国企业农业对外投资项目第一维度选择绿地投资模式最多的前五个省份依次为黑龙江、山东、浙江、广东、江苏；跨国并购模式最多的前五个省份依次为山东、广东、浙江、江苏、黑龙江。

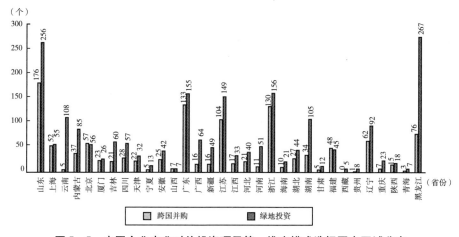

图5-5 中国企业农业对外投资项目第一维度模式选择国内区域分布

5.4 实证结果与讨论

5.4.1 相关性问题

由于在估计方程式（5-1）中包含八项东道国特征信息变量，其相互之间可能存在相关性，从而使得国家异质性变量的估计参数有偏，降低估计量的有效性或者显著性。尤其是本章实证中所使用东道国特征信息变量，均为DTF 指数，其值均在 0～100，为同一范畴内的序数数值，因此其必然具有一定程度上的相关性。事实上，即便如此，并不代表着我们需要对这些控制变量的多重共线性进行控制或处理（Wooldridge，2009）。

第一，多重共线性问题即使存在，也不会影响参数的点估计，只会放大参数的方差，降低估计量的有效性，从而使得可能本来应该显著的变量变得不再显著，即不会造成参数假设检验的第一类错误（取伪，false positive），但有可能会造成第二类错误（失真，false negative），然而第二类错误并不是必须规避的。从这个角度而言，即便存在多重共线性的影响，在估计结果中显著的参数其显著性仍然合理，而那些不够显著的参数却可能因为"失真"的第二类错误而被忽视。与核心自变量属于支持推论假说的必须组成部分不同，控制变量组中增减个别变量或个别变量参数显著性受到影响，也仍然不会影响其作为国家异质性控制变量组在推论假说中的意义，因此对控制变量组可能存在共线性问题的态度，要比对待核心自变量相关性之间的态度和缓得多。综上所述，第二类错误对于控制变量组对推论假说验证效力的影响并不大，可以忽略。

第二，而且当样本量足够大时，多重共线性的影响会被大大降低。而本章中的实证数据样本数量（3 450 个），相对于变量数量（11 个）而言可以判定为属于样本量足够大的情况，即便存在共线性，其对参数估计的影响已被大大降低。因此，我们在此忽略控制变量组中可能存在的多重共线性的影响具有合理性。

5.4.2　估计结果

基于估计方程式（5-1），我们首先对投资项目所需跨境流动性能力得分、农业自然资源依赖性、东道国劳动力成本进行了估计（仅针对假说5-1与假说5-3），随后加入了东道国的投资营商环境特征进行了扩张估计（加入假说5-2）。两次估计结果如表5-3所示。

表5-3　　　　　　　　　　　　　估计结果

变量	核心自变量估计	扩展自变量估计
	ODImode	ODImode
id	否	否
Year	否	否
MobilityScore	0.720 *** (15.85)	0.763 *** (14.64)
NR	-0.405 *** (-3.78)	-0.439 *** (-3.71)
LC	-0.0000567 *** (-22.74)	-0.0000313 *** (-7.07)
StartingaBusinessDTF		-0.0274 ** (-2.68)
DealingwithConstructionPermitsDTF		0.0330 *** (5.40)
GettingElectricityDTF		-0.0124 * (-2.37)
RegisteringPropertyDTF		-0.0299 *** (-4.30)
GettingCreditDTF		0.00796 (1.74)

续表

变量	核心自变量估计	扩展自变量估计
	ODImode	ODImode
PayingTaxesDTF		−0.0109 (−1.61)
TradingacrossBordersDTF		−0.0179 ** (−3.29)
EnforcingContractsDTF		−0.0334 *** (−4.17)
_cons	−7.255 (−0.22)	79.67 (1.19)
N	3 435	2 821

注：括号内的值为 t 值，***、**、* 分别表示通过 0.1%、1% 和 5% 的显著性检验。

根据表 5 - 3，可以得出以下四点主要结论：

第一，投资项目所涉产业环节跨境流动性能力得分参数非常显著且稳健，假说 5 - 1 得到验证。即在中国企业农业对外投资项目中，在所有投资项目海外业务所涉产业环节中，投向那些跨境流动性能力主导的产业环节，显著地提高了选择绿地投资的概率；而投向那些非跨境流动性能力主导的产业环节，显著地提高了选择跨国并购的概率。

第二，东道国国家特征对中国企业农业对外投资模式选择存在显著的影响，假说 5 - 2 得到验证。具体来说，包括以下几个方面。

发起商业活动成本、获取电力时间与成本、资产注册时间与成本、贸易进出口成本、履约保障与法律体系五项东道国特征，对中国企业在该国开展外商农业投资选择绿地投资具有显著抑制作用。换言之，当前五项成本提高时，中国企业在该东道国开展外商农业投资更倾向于选择跨国并购模式，这显然合乎经济学直觉，因为通过跨国并购就可以在极大程度上规避外商新建企业所需要付出的相关成本，而当该成本变得越大，这种规避性倾向就会越显著。

与此同时，当东道国履约保障与法律体系越完善，企业在该国就越倾向于选择跨国并购模式。通常来说，企业在开展海外投资在东道国法治环境方面的考量需要同时考虑两方面的权衡：开展绿地投资带来的独自面临法律风险，与开展跨国并购陷入合作纠纷的风险。这代表着，在中国企业农业对外投资中，基于合作纠纷的担忧更为显著，因此在东道国法治环境越完善时，中国企业在开展农业对外投资时更放心选择跨国并购模式。

此外，建设许可成本对中国企业在该国开展外商农业投资时选择绿地投资具有显著促进作用，这与我们上述的经济学直觉并不相符。观察图5-6，东道国劳动力成本与建设许可成本的散点图可知，两者之间存在微弱的非线性关系，即在具有更高劳动力成本的东道国也具有更高的建设许可成本。但如图5-6中椭圆部分所示，仍然有大量的投资项目反映出，两者之间具有负相关关系，即在劳动力成本非常低的东道国内建设许可成本却非常高，这可以理解为在一些经济发展相对落后的国家，行政寻租较为普遍，但是受到劳动力成本较低的影响，推升了在这些东道国开展投资的企业选择绿地投资模式（假说5-4，后面会进一步阐述），从而使得呈现出上述不符直觉的结果。

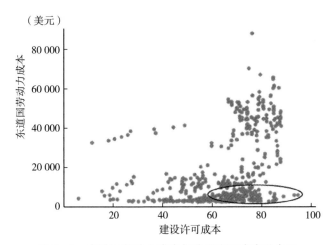

图5-6　东道国劳动力成本与建设许可成本散点图

另外，东道国的融资可得性与税收成本特征，对中国企业农业对外投资模式选择不存在显著影响。

第三，东道国的劳动力成本特征与投资项目所涉业务的农业自然资源依赖性，对中国企业农业对外投资模式选择具有显著且稳健的影响，假说5－3得到验证。其中，东道国的劳动力成本越高，中国企业在该国外商农业投资更倾向于选择跨国并购模式，并且由图5－1及上面相关讨论可知，加入了东道国国家特征（尤其是建设许可成本）后，跨境流动性能力得分与自然资源依赖性的参数绝对值反而升高，仅有劳动力成本的参数绝对值小幅下降，由此也佐证了上面关于建设许可成本的异常影响；投资项目在海外经营业务的农业资源依赖性越强，中国企业在该国外商农业投资就更倾向于选择绿地投资模式。

第四，企业的个体固定效应与年份的固定效应，均不显著。换言之，即中国企业农业对外投资模式选择，可以很好地被我们提出的三点假说得以解释，在全要素生产率的跨境流动性之外，并不存在其他未知的企业异质性会影响中国企业的农业对外投资模式选择，这对本章的理论基础与假说均具有较好的支持。

5.5 本 章 小 结

在本章中，我们基于 NY 模型理论预期的深入讨论和理解，结合 HMY 模型的理论预期，从企业全要素生产率跨境流动性的异质性对企业国际生产组织行为选择的影响层面，提出了三条推论假说5－1、假说5－2与假说5－3。随后，我们基于3 435个中国企业农业对外投资项目信息，通过实证方法验证了三条假说的成立，其具体内容如下：

第一，中国企业全要素生产率的跨境流动性对其农业对外投资在绿地投资与跨国并购两者之间的选择有显著影响，或者说中国企业农业对外投资在绿地投资与跨国并购两者之间的选择因产业环节而呈现显著差异。具体而言，中国企业农业对外投资项目海外业务所涉产业环节所需加总跨境流动性能力较多时，更加倾向于选择绿地投资模式，而相比所需加总跨境流动性能力较少时，更加倾向于选择跨国并购模式。

第二，中国企业农业对外投资的东道国特征对在该国投资项目在绿地投资与跨国并购两者之间的选择有显著影响。具体而言，更高的发起商业活动成本、获取电力时间与成本、资产注册时间与成本、贸易进出口成本，会提高中国企业在该国开展农业投资时选择跨国并购的概率。而更健全的履约保障与法律体系也会提高中国企业在该国开展农业投资时选择跨国并购的概率。

第三，中国企业农业对外投资的动因对其在绿地投资与跨国并购两者之间的选择有显著影响。具体而言，具有自然资源寻求动因的项目更倾向于选择跨国并购模式，而具有成本效率寻求动因的项目更倾向于选择绿地投资模式。

综上三点假说经过实证检验后的具体诠释，结合本章关于 NY 模型理论预期的内在机制讨论，充分体现了中国企业农业对外投资在模式选择第一维度（绿地投资与跨国并购）之间行为分布特征，为理解中国企业农业对外投资模式选择的内在机制，与认识中国企业农业对外投资发展面临的机遇与挑战，给予了直观地展现并奠定了进一步讨论的基础。

第 6 章

中国企业农业对外投资模式选择：水平还是垂直

我们对中国企业农业对外投资模式在第一个维度绿地投资与跨国并购两者之间的选择，提出了三条理论预期上的假说，并且通过投资项目层面的微观数据验证了三条假说，对 NY 模型的理论预期与推论提供了有力支持，为我们进一步在此基础上，从企业异质性角度再认识中国企业农业对外投资模式在第二个维度水平型国际投资与垂直型国际投资两者之间的选择分布特征与内在机制，奠定了可靠性基础。在 NY 模型的基础上，我们基于企业全要素生产率跨境流动性这一更为深入的企业异质性内涵，对赫尔普曼（2014），马库森和马库斯（2001）关于国际贸易框架中国际投资模式选择理论文献进行的总结，关于跨国公司必须面临着的水平型国际投资与垂直型国际投资选择，即 HPM 模型进行了再认识，并将绿地投资与跨国并购这一维度与水平型国际投资与垂直型国际投资这一维度两者联系起来，提出了理论推论假说。我们使用 3 000 多个中国企业农业对外投资项目的微观样本进行了实证检验，由此对中国企业农业对外投资在水平型国家投资与垂直型国际投资之间模式选择的内在机制进行了更为深入的理解。

6.1 企业异质性影响"水平—垂直"模式选择的理论基础

6.1.1 HPM 模型基于企业异质性角度的再认识

1. HPM 模型的经典认识

在国际贸易领域关于跨国公司行为的研究中，对于国际直接投资模式的选择主要从产业链整合角度开展，一是跨国公司选择投资还是外包，二是跨国公司开展投资选择水平型国际直接投资还是垂直型国际直接投资。而关于后者的研究常常被称为基于国际贸易理论的国际直接投资文献（trade-theoretic FDI literatures）（Aizenman and Marion，2004），也是本章中我们进一步讨论中国企业农业对外投资模式选择的出发点。总体来看，关于该问题最早的集成性研究文献可以以赫尔普曼（1984）、佩里（Perry，1989）与马库森和维纳布尔斯（1998）为代表，后续相关研究文献均在三者的基础上进一步深化展开，因此在本书中我们将以上三位学者的文献为该问题研究奠定的理论框架基础称为 HPM 模型。

艾泽曼（Aizenman，1994）、马库森和马库斯（2001）与艾泽曼和马里恩（Aizenman and Marion，2004）将水平型国际直接投资与垂直型国际直接投资的概念分别从企业的国际生产组织分布角度进行了界定：水平型国际直接投资是指企业在不同国家同时介入同质性的产业环节，同时在多个东道国提供相似的产品与服务，通过规模经济与市场垄断优势以达到最优效率，根据邓宁（1994）提出的国际投资四动因假说，水平型国际投资的一个主要动因就是市场寻求型海外投资；而垂直型国际直接投资是指企业在不同的国家进入开展异质性产业环节，以实现企业内部资源与产业链全球配置，使得其国际产业链的成本达到最低，效率达到最高，典型的主要动因就是资源寻求型投资与成本效率寻求型投资。赫尔普曼（2014）从企业产品服务市场来界定这两种投资模式，水平型国际直接投资被理解为国内生产服务国际市场，而垂直型国际直接投资被理解为国际生产服务国内市场，而两者的结合体复杂型国际直接投资被理解为国际生产服务国际市场。由上可见，通常来说是基于企业在海外投资行为中海外业务在其整体产业环节中的位置来区分水平型与垂直型国际投资。事实上，在国际贸易领域，关于二者的研究在比上述文献更早的年代就已经出现了集成性的典型成果。

垂直型国际直接投资理论解释的成型可以以赫尔普曼（1984）的研究为代表，其类似马库森（1984）提出的"临近—集中权衡"模型，其认为跨国公司面临着"分割生产经营各环节—更加的要素禀赋与环节匹配"权衡。企业如果将所有生产环节进行地域分割，那么会带来整体协作效率的下降，以及增加企业内部交易成本，减少内部化的收益；但与此同时，企业可以通过让那些独立分离出去的环节更加靠近其所需的要素禀赋如自然资源、劳动力、运输关键节点等，以降低产业链整体的成本并提高效率。对于跨国公司而言，其生产与市场具有天然的地理分割因素，因此往往不得不面临着在该问题上的权衡。换言之，尽管在不同的经济体内配置不同的生产经营环节可以带来总体的最优化，但是分割不同的生产经营环节需要支付更多的分割成本以及由于增加公司内部商品与要素流动引起的经营成本增加。因此，从该角度来看，只有当跨国公司通过分割生产经营各环节所获得的收益，大于分割后带来的成本增加，企业才可能选择垂直型国际直接投资。赫尔普曼（1984）在其基于完全竞争市场与规模报酬不变前提的理论框架中，发现当中间品贸易与最终产品贸易成本在两国间较低时，在该东道国投资的企业会倾向于选择垂直型国际直接投资。赫尔普曼和克鲁格曼（1985）对此进行了补充，在其一般均衡分析中进一步发现，在投资东道国与投资来源国两国要素禀赋存在足够显著差异的前提下，在该东道国开展投资的外商企业会更加倾向于选择垂直型国际直接投资。随着 21 世纪以来，全球市场一体化不断发展，贸易成本不断降低，贸易成本早已不是增加分割经营环节成本的主要构成，这其中一个主要原因正是要素禀赋差异化下全球产业链重新整合带来的整体效率提升。农业中有许多产业环节对自然资源、劳动力等东道国禀赋要求较高，可以想见在中国企业农业对外投资项目中，将存在着大量的垂直型国际直接投资模式，而其选择该模式的内在机制必然与该项目海外业务经营环节的特征及所投资东道国禀赋特征有关。

企业开展水平型国际直接投资时并不能像垂直型国际直接投资那样获得整体产业链的优化重整效益，一个重要的内在机制就是企业会通过规模经济与垄断优势来获取效益，以弥补在不同东道国开展同质化生产与经营的成本增长。因而在赫尔普曼（1984）的研究中并没有涉及水平型国际直接投资的理论解释，一个重要原因就是其理论框架仍然构建在完全竞争市场下的经典赫克歇尔－俄林－萨缪尔森（H－O－S）模型基础上，然而在完全竞争市场框架下无法解释企业通过国际生产组织活动获得规模经济与垄断优势。事实上，迪克西特和斯蒂格利茨（Dixit and Stiglitz，1977）与克鲁格曼（1979）就已经将规模效益递增与不完全竞争市场引入新贸易理论框架。但与此同时，马库森（1984）在与赫尔普曼关于垂直型国际直接投资经典研究的同一年，在其"临近—集中权衡"模型中，将企业的生产经营活动称为公司特定活动（或称为总部活动，如研发、人力、财务等）与工厂特定活动（如生产、运输、销售等），而企业通常会将公司特定活动集中到一起进行，以获得更高的协作效率，而将工厂特定活动分别配置到不同的经济体中去，以获得更优的内部资源配置从而接近消费市场。而按照"临近—集中权衡"模型，也可以得出与赫尔普曼（1984）正好反面假设下的推论，即当两国之间贸易成本较高时，为了规避贸易壁垒与开拓市场，如果正好跨境投资工厂成本较低，或在某一国内存在垄断经营市场，通过开展规模经营活动所获得的规模收益与垄断收益，以及工厂特定活动转移至东道国获得的经营效率提高，可以较好地弥补将总部活动转移至东道国时所产生的成本与效率损失时，企业就会在该东道国倾向于开展水平型国际直接投资。

马库森和维纳布尔斯（1998）弥补了赫尔普曼（1984）构建模型，修改了完全市场竞争的假设前提，在克鲁格曼（1979）的贸易理论基础上，建立了一个同时包含赫克歇尔－俄林、垄断竞争、贸易运输成本与跨国公司的国际贸易模型，重点关注国内企业与跨国企业如何在技术水平与各国禀赋差异的条件下，实现国际市场内生性结构的一般均衡，而在该框架下其为公司规模效应大于工厂规模效应或贸易成本较高时企业容易选择开展水平型国际直接投资的理论预期构建了理论基础。马库森和维纳布尔斯（2000）与马库森和马库斯（2001）进一步针对赫尔普曼和克鲁格曼（1985）得出的各国要素禀赋差异化会增加企业选择垂直型国际直接投资的概率，发现水平型国际直接投资往往出现在两国具有相近的规模、要素禀赋与市场特征的情况下。马库森和马库斯（2001）据此提出了一个反既往常识的结论，即并不是国家间的差异性导致了跨国公司的出现，而恰好相反是国家间的相似性引起了跨国公司的增加。随着进入 21 世纪以来，国际产业价值链的全球化不断加深，在许多远离自然要素禀赋的产业中，这种趋势更加明显，如金融业、电子通信网络产业与服务业中，水平型国际直接投资占据了主导地位。然而在农业产业价值链中，自然资源与劳动力等禀赋条件仍然占据很重要的位置，在农业全球化的发展中，并没有出现水平型或垂直型国际直接投资一边倒的现象，因此推测在中国企业农业对外投资项目中也应该可以同样看到很多水平型国际直接投资模式选择行为。

由此，HPM 模型的主要理论预期均得到了集成性研究的支持。

2. HPM 模型的再认识

卡尔（Carr）、马库森和马库斯（2001）进一步将马库森和马库斯（2001）得出的结论总结为"知识—资本模型"，对企业的跨国投资活动进行了总结，假定存在两国市场、两种产品、两种劳动要素（熟练劳动与非熟练劳动，其中熟练劳动要素为行业间流动，国家间不流动），而两种产品中一般劳动密集产品会在国际市场中呈现出完全竞争市场并采取规模报酬不变的技术生产，而技术知识密集型产品会在国际市场中服从古诺均衡并采取规模报酬递增的技术生产，其据此将国际市场中的公司分为六种类型，同时解释了水平型国际直接投资与垂直型国际直接投资的跨国公司存在。在其理论框架中，知识资本包括三个特征：分割性，即知识资本的区域分布能够与生产分割；熟练劳动密集型，即假定知识资本具有熟练劳动密集性；联合性，即知识资本可以同时对多个生产基地提供联合性要素投入，如技术知识产权。当两国间贸易成本较高，而两国要素价格水平相似时，水平型国际直接投资跨国公司将占据主导性地位；反之则垂直型国际直接投资跨国公司占据主导性地位，而如果两国之间要素价格差异较大，换言之，由赫克歇尔－俄林－萨缪尔森模型可知，两国要素禀赋差异较大，水平型国际直接投资可以将与总部活动更相关的知识资本创造设置于熟练劳动要素密集国家，而将与工厂特定活动相关的生产环节放置在非熟练劳动要素密集且市场规模较大的国家，从而使得这种情况下垂直型国际直接投资占据主导地位。即总部活动主要取决于熟练劳动要素分布与价格差异，而工厂特定活动需要同时考虑非熟练劳动要素分布与市场规模两点东道国特征。因此，在部分市场规模较小的国家或地区中，由于其熟练劳动要素密集度较高，水平型国际直接投资跨国公司仍然占据主导地位，如欧洲、日本、韩国；而相反，一个市场规模较大的国家或地区，由于缺少熟练劳动要素，但存在大量非熟练劳动要素，则会成为垂直型国际直接投资跨国公司的选择，如发展中的新兴国家市场。

粗略来看，卡尔、马库森和马库斯（2001）的主要贡献是用一种的新的范式结构，来对 HPM 模型的经典理论预期进行了综合诠释，并且卡尔、马库森和马库斯（2001）及尼根和戴维斯（Blonigen and Davies，2002）均通过实证检验验证了知识资本模型所做出的理论预期。但是，当诺克和耶普尔（2007）在 HMY 模型基础上，提出了企业全要素生产率的跨境流动性才是决定企业国际生产组织活动中企业异质性本质内涵后，对 HPM 模型与卡尔、马库森和马库斯（2001）理论的理解就多了一层新的认识。

一个直觉是，在知识资本模型中，知识资本的假定依赖于不可在国家间流动的熟练劳动要素，而知识资本却具备着与生产活动分割，以及可以同时投入多个工厂生产活动的联合性特征，这与 NY 模型中对跨境流动性能力的定义非常类似。如技术工艺优势，需要在技术人才等熟练劳动要素较多的国家通过研发投入不断进步，而其研发环节可以与生产活动相分割，且作为跨境流动性能力较强的企业核心竞争力能够在全球不同东道国内的工厂活动同时投入。换言之，垂直型国际直接投资需要进行产业环节的分割与联合投入，以获取其内部产业链在全球的最优配置以提高整体效率，这种分割往往在要素禀赋差异较大且该企业又具备知识资本优势时，垂直型国际直接投资最容易发生，而此时如果该企业所属行业下全要素生产率最高或者开展海外投资的大部分企业具有此类特征（根据 HMY 模型的理论预期，这代表着在一般均衡下该行业内全要素生产率最高的企业将选择海外投资），则根据 NY 模型与 HMY 模型的联合推论，即第 5 章中我们提出的推论假说 5 - 1，该行业将倾向于选择绿地投资模式，因此该企业也将倾向于选择绿地投资模式，即垂直型国际直接投资项目一旦发生，其倾向于选择绿地投资模式。与此类似地，我们也可以得出，水平型国际直接投资项目一旦发生，其倾向于选择跨国并购模式。由此可知，企业海外投资经营业务所属行业对跨境流动性能力的需求，也同样影响企业在水平型与垂直型国际直接投资之间的选择。由于 HMY 模型的理论预期在此仍然成立，即在不同行业中全要素生产率占优的企业才会发起海外投资。因此也可以进一步理解为，企业全要素生产率的跨境流动性这一企业异质性内涵同样对企业在第二维度（水平型与垂直型）上的模式选择具有影响。这样，我们就在基于企业异质性理解企业国际生产组织活动的基础上，为两种国际直接投资模式选择的维度建立起了一种联系，或者说，从企业异质性角度对 HPM 模型所描述的企业国际生产组织活动选择进行了再认识。

当然，由上述 HPM 模型的经典理论预期可知，决定企业选择水平型或垂直型国际直接投资模式的原因仍然是国家和行业本身所具有的异质性特征，而企业异质性角度又决定了企业在选择水平型或垂直型国际直接投资时将同时产生在绿地投资与跨国并购两者之间的选择倾向。因此，我们将构造两步推论假说，以通过实证检验对中国企业农业对外投资活动中的模式选择分布与内在机制进行更为深入的认识。

6.1.2 实证假说

综上所述，我们将为本章的实证检验建立两步推论假说。第一，需要为国家与行业异质性如何影响中国企业农业对外投资在水平型与垂直型国际直接投资模式之间选择建立一条假说。根据前面关于 HPM 模型经典认识的讨论，联合 HMY 与 HPM 的理论预期，我们得到假说 6 – 1。

假说 6 – 1：我们可以预期在中国企业农业对外投资项目中，当跨境流动性能力需求得分越高、东道国市场潜在规模（人口数量①）越大、投资项目

---

① 尽管一国市场的需求规模不仅与其人口数量有关，还与其经济发展水平有关，但此处使用人口数量作为工具变量仍然具有合理性，具体见下面相关变量说明时的有关阐述。

海外业务所涉产业环节自然资源依赖性越低、投资东道国劳动力成本越低以及投资东道国的贸易成本越低等任一情况成立时，企业农业对外投资项目均将更加倾向于垂直型国际直接投资，反之则更倾向于水平型国际直接投资。

第二，我们还要为中国企业农业对外投资在选择采取水平型还是垂直型时，是否自然具有选择绿地投资与跨国并购的倾向性，建立一条假说。根据前面关于 HPM 模型再认识的讨论，联合 NY 与 HPM 模型的理论预期，我们得到假说 6-2。

假说 6-2：我们可以预期在中国企业农业对外投资项目中，选择水平型国际直接投资模式项目的企业将倾向于选择跨国并购模式，而选择垂直型国际直接投资模式项目的企业将倾向于选择绿地投资模式。

下面我们基于这两条假说，针对中国企业农业对外投资项目进行实证检验。当然，在以上假说中，我们并没有指定企业一定需要在水平型或垂直型之间做出对立的二元选择。事实上，从倾向性上而言，其是一个二元选择，然而从实际行为上而言，企业海外业务扩张往往兼具两种特征，因此我们只判别其海外业务的倾向性，而非对立的二元选择。

6.2　实证模型与变量说明

6.2.1　估计方程

首先，我们为假说 6-1 建立实证模型，其估计方程如下（采用有序 Logit 与泊松回归估计）：

$$Pr(ODImodeEx_i \mid X_i) = \beta_0 + \beta_1 ID + \beta_2 Year_i + \beta_3 MobilityScore_i + \beta_4 Popl_i$$
$$+ \beta_5 NR_i + \beta_6 LC_i + \beta_7 TABDTF_i + \varepsilon_i \qquad (6-1)$$

其次，我们为假说 6-2 建立实证模型，其估计方程如下（采用加入固定效应的 Logit 迭代重加权最小二乘估计）：

$$Pr(ODImode_i = 1 \mid X_i) = \beta_0 + \beta_1 ID + \beta_2 Year_i + \beta_3 ODImodeEx_i + \vartheta_i \qquad (6-2)$$

6.2.2 变量说明

其中 *ODImodeEx* 为中国企业农业对外投资项目在水平型国际直接投资与垂直型国际直接投资之间的选择指数，取值为 −3 ~ 3 之间的整数。当该项目模式选择越接近垂直型国际直接投资时，*ODImodeEx* 指数越大；而当项目模式选择越接近水平型国际直接投资时，*ODImodeEx* 越小；因此当 *ODImodeEx* 数值等于 0 时，代表着该农业对外投资项目同时具备水平型与垂直型特征，或者说在两者之间的倾向性持平。由于在相关数据来源中，并未直接给出关于每个中国企业农业对外投资项目在水平型与垂直型国际直接投资之间的选择，而各个项目的网络信息也并不全面，因此需要参考适度多样化的标准为其进行补充界定。参考马库森和马库斯（2001），艾泽曼和马里恩（2004）与赫尔普曼（2014）关于两者的概念界定分类，并参考各个项目的网络信息搜索，按照以下标准为中国企业海外农业项目的 *ODImodeEx* 进行了定义，即当中国企业在海外投资的农业项目所涉经营业务主要为生产中间商品、服务该企业全球产业链中的部分中间环节、与该企业在国内经营业务具有一定异质性时，定义该项目选择了垂直型国际直接投资，每符合一项即扣 1 分；而当中国企业在海外投资的农业项目所涉经营业务主要为最终产品、属于该企业在全球产业链中的终端环节[①]、与该企业在国内经营业务具有一定同质性时，定义该项目选择了水平型国际直接投资，每符合一项即加 1 分。然后将每个项目的得分进行加总，得到其在水平型国际直接投资与垂直型国际直接投资之间的选择指数。

变量 *Popl* 定义了每个东道国在该投资项目发起当年的人口数量，以反映东道国市场规模情况。尽管东道国市场的真实需求，同时受到该国经济发展

[①] 尽管存在部分企业在海外投资经营业务属于终端环节，但也是其在全球范围内唯一的终端环节，即由国内提供前端环节支持，在某种意义上由于产业链的分割协作似乎属于垂直型国际直接投资，然而其提供最终产品代表其海外投资的主要目标仍然是规避贸易成本与壁垒开拓海外市场，更符合 HPM 模型中关于水平型国际直接投资类型的认识，也符合赫尔普曼（2014）对水平型国际直接投资的国内生产服务国际市场的界定。

水平如人均收入的影响，但是由于在本书中我们仅讨论中国企业开展农业对外投资的模式选择，而不涉及开展农业对外投资的动因讨论，即在投资项目发起当年的时间，东道国市场实际需求为何已经被是否开展海外投资的决定及其背后的动因在一定程度上所包含，企业在开展海外投资时往往更看重的是市场规模的发展潜力，尤其是农产品（不论是中间加工品还是最终产品）的最终消费主体仍然为居民，而显然使用人口数量作为其市场规模潜力的工具变量具有一定合理性，也更加符合我们前面 HPM 模型讨论中涉及影响企业选择水平型国际直接投资提及市场规模的真实含义。

此外，其余变量说明均与第 5 章中相关变量说明一致，因此不再对其进行赘述。唯一区别是在本章的实证中，关于东道国的投资营商环境特征，我们只选取了跨境贸易进出口成本前沿指数（trading across border-distance to frontier，TABDTF）一项作为自变量加入。由于根据本章前面的理论讨论与假说，东道国其余的投资营商环境特征如发起商业活动成本指数、建设许可成本指数、获取电力时间与成本指数等，均在理论预期上对中国企业农业对外投资在第二维度（水平型与垂直型）上的模式选择不存在影响，因此不再加入估计方程。

同样地，可能存在其他企业个体特征或宏观经济环境等难以估测的因素，对中国企业农业对外投资在第二维度（水平型与垂直型）上的模式选择存在影响，因此将企业个体固定效应与年份的时间固定效应加入估计方程。

6.3　数据来源、描述统计与分布特征

6.3.1　数据来源

与第 5 章类似，我们的资料主要来自两个数据库：

第一，根据 2016 年《境外投资企业（机构）备案结果公开名录》筛选出"中国企业农业对外投资项目库"，共包括所有涉农海外投资项目基本信

息：发起年份与月份、发起主体公司、发起主体公司所属省份、接受投资主体公司、投资东道国、海外投资经营业务内容。根据公司与投资项目信息，我们根据上述关于 *ODImodeEx* 变量说明中的方法，通过信息搜索对其进行了投资模式选择信息的补充。此外，自然资源依赖性变量沿袭了第 5 章中的相关计算方法说明。

第二，选取了世界银行数据库中关于各东道国历年人口数量、劳动力成本、以及 Doing Business 数据库中跨境贸易进出口成本前沿指数 *TABDTF* 一项。

最终，经过数据清洗与匹配，有效样本为 3 163 个，占据原始样本数量 3 588 个的 88.15%。

6.3.2　描述统计与分布特征

估计方程式（6–1）与式（6–2）中所涉核心变量的描述统计如表 6–1 所示。

表 6–1　　描述统计

变量	样本数/频率 （*N*）	平均值 （Mean）	标准差 （Sd）	最小值 （Min）	最大值 （Max）
ODImode［第一维度模式选择 （绿地与并购）］	=0，1 162； =1，2 001	0.633	0.482	0	1
ODImodeEx［第二维度模式选择 （水平型与垂直型指数）］	3 163	−0.294	1.263	−3	3
Mobilityscore ［跨境流动性能力需求得分］	3 163	−0.174	1.412	−4	5
Popl［市场潜在规模 （人口数量）］	3 163	363 000 000	509 100 000	32 960	1 370 000 000
NR［自然资源依赖性指数］	3 163	0.382	0.625	0	4
LC［劳动力成本 （人均国民收入）］	3 158	25 869	20 526	220	88 480
TradingacrossBordersDTF ［贸易进出口成本指数］	3 078	68.55	19.63	0	100

　　观察表 6 - 1，*ODImodeEx* 的均值为 - 0.294，而该指数得分区间为［- 3，3］，由其变量说明的计算方法可知，中国企业农业对外投资项目在总体上偏向于采取水平型国际直接投资，即贸易壁垒规避与市场开拓寻求、在多国开展异质化生产占据主导地位。*ODImodeEx* 指数的分布如图 6 - 1 所示，具有左偏峰分布特征，也佐证了中国企业农业对外投资项目总体上偏向于采取水平型国际直接投资的判断。

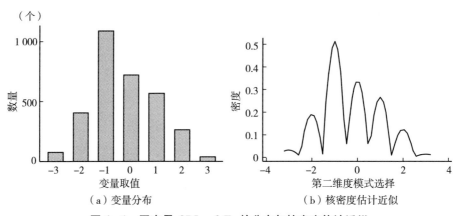

（a）变量分布　　　　　　　　　（b）核密度估计近似

图 6 - 1　因变量 *ODImodeEx* 的分布与核密度估计近似

　　结合 *ODImode* 具体来看，如图 6 - 2 所示，事实上在选择绿地投资的项目中，依然有许多项目倾向于水平型国际直接投资，而与此相比，在选择跨国并购的项目中，大部分项目均未选择垂直型国际直接投资，由此可以看出，在更具体的结构上是存在关联性差异的，也佐证了第 5 章数据描述统计中得出中国企业农业对外投资项目中绿地投资占据主导的描述。

　　如果我们进一步把图 6 - 2 精炼为一个 2×2 矩阵，则可以更好地了解与认识中国企业农业对外投资项目的分布特征，以及讨论其背后可能存在的动因。为了实现这种直观认识，我们粗略地将 *ODImodeEx* 大于零的部分，归为采取了垂直型国际直接投资。而将 *ODImodeEx* 小于零的部分，归为采取了水平型国际直接投资。将 *ODImodeEx* 等于零的部分，平均分配给垂直型国际直接投资与水平型国际直接投资。由此得到新的矩阵如表 6 - 2 所示。

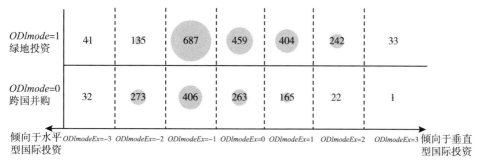

图 6 - 2　中国企业农业对外投资项目的两种维度模式选择矩阵分布（单位：个）

表 6 - 2　　　　　中国企业农业对外投资项目两种维度模式选择统计矩阵　　　　单位：个

项目	水平型国际直接投资	垂直型国际直接投资
绿地投资	1 092	909
跨国并购	842	320

由表 6 - 2 可知中国企业农业对外投资项目在模式选择中的直观分布。由前面理论讨论部分，我们粗略地使用稍微极端的定义，为不同模式下不同的直观企业行为与动因解释寻找一种锚定，以更好地理解中国企业农业对外投资的发展现状。

不失一般性，我们定义绿地投资的动因在于保持企业原有的技术优势、寻求自然资源或更低成本，而跨国并购在于获取海外的销售网络关系与企业不具备的技术优势。同样不失一般性，我们定义水平型直接投资为该企业在海外投资项目与其国内业务完全一样，海外项目为复制国内工厂或公司；定义垂直型国际直接投资为该企业在海外投资项目与其国内业务完全不同，属于其国内公司工厂业务的上游或者下游。

由此可知，在中国企业农业对外投资项目中，第一，占据最大头的是同时采取绿地投资与水平型国际直接投资的项目，一共有 1 092 个。由于根据上一段的定义，此处水平型国际直接投资为完全复制国内的业务模式，因此其不可能通过与国内完全一样的业务模式为国内业务拓展提供支持。因此可以猜想其大多是那些利用海外更低的劳动力成本或自然资源来拓展新的市场的举措，而其投资主体多为业务在农业产业链中较短，又具备一定技术优势的企业，大多数可能是中小型产业链前端企业，如在国内开展某种农产品种植加工的企业，借助在国内已经形成的技术体系与生产工艺，前往第三国开设种植园或加工厂，产品多销往国外市场，又或者是农业机械类企业。此类企业占据中国企业农业对外投资项目中的最大部分。

第二，占据中国企业农业对外投资项目中第二大的分组是那些同时采取绿地投资与垂直型国际直接投资的项目，一共有 909 个。由于其开展垂直型国际直接投资，按照前面的理论预期，大概率上属于将工厂特定活动放入非熟练劳动要素密集型东道国的投资，并且向上下游拓张，这映射出其在国内的企业仍然领衔着与知识资本与熟练劳动要素密切相关的总部活动。因此可以猜想此类企业大多数是那些中小型产业链终端企业，如在国内具有研发或市场优势，在国外开展基础加工与制造的企业，例如，某水产精加工企业在海外投资设立捕捞公司，或某家具企业在海外投资设立木材伐运公司。

第三，占据中国企业农业对外投资项目中第三大的分组是那些同时采取跨国并购与水平型国际直接投资的项目，一共有 842 个。由于采取跨国并购，这代表着其大概率属于对流动性能力需求较小或者对自然资源依赖较大的行业，而其采取水平型国际直接投资，则代表着其具有市场开拓、贸易壁垒规避等动机。可以猜想此类企业多为大中型终端企业，如农产品国际贸易物流企业、育种农化企业以及农业投资融资咨询等服务业企业，其同时采取跨国并购和水平型国际直接投资的目标并不是在国际市场中造就属于自己的全产业链，而是打造其在国际农业产业链关键环节的规模效益与垄断优势。

第四，占据中国企业农业对外投资项目中最小的分组为同时采取跨国并购和垂直型国际直接投资的项目，一共仅有 320 个。此类企业采取跨国并购则代表着其大多属于非流动性能力主导产业环节，而其选择垂直型国际直接投资代表着其有意进入与其国内业务相关联的上下游企业。因此可以猜想此类企业大多对国内市场具有高度依赖或从事加工制造为非精密技术，但又同时需要国外的自然资源与初加工，或者反过来，即拥有国内的自然资源与初加工，需要海外的市场与终端高技术含量的加工。前者如国内的大中型终端企业，例如，贸易公司、养殖企业，通过直接收购海外上游厂商，为国内生产提供产业链前端支持，其与同时采取跨国并购与水平型的企业组的区别在于，其意在实现全产业链发展，而后者意在实现关键环节的垄断。后者如国内的中草药、精种瓜果、特种养殖企业，需要直接收购国外的下游厂商，为国外市场提供支持，但其不选择绿地投资（自行设立公司）则代表着其需要进入的海外市场具有一定市场壁垒或终端加工属于高技术含量环节，该国内企业依靠资本优势通过并购实现逆向投资以获得技术逆向溢出效应（或学习效应）。

综上所述，我们可以把中国企业农业对外投资项目的企业类型粗略地概括为以下矩阵如表 6-3 所示。

表 6-3　　中国企业农业对外投资模式选择下对应企业类型与战略目标矩阵

项目		水平型国际直接投资	垂直型国际直接投资
绿地投资	数量（个）	1 092	909
	类型（目标）	中小型产业链前端企业（目标：连锁加盟运营，服务东道国市场）	中小型产业链终端企业（目标：精品全产业链，服务国内市场）
跨国并购	数量（个）	842	320
	类型（目标）	大中型产业链终端企业（目标：产业链关键环节垄断优势，服务全球市场）	大中型产业链终端企业（目标：前端产业链拓展，全产业链竞争，服务国内市场）； 大中型产业链前端企业（目标：终端产业链拓展，全产业链竞争，服务全球市场）

6.4　实证结果与讨论

6.4.1　估计方法选择

1. 估计方程 6-1 的方法选择

首先，对估计方程 6-1 我们需要采取两种估计方法分别进行处理，这是由表 6-1 可知，因变量 *ODImodeEx* 的取值范围为 [-3, 3] 的整数，属于离散型因变量，且观察其强行计算得到的核密度分布（见图 6-1），并不符合正态分布的假设，因此不能使用常规 Logit 模型或线性回归模型。

参考既往文献与本书相关章节（Agresti，2002；Long and Freese，2006；陈强，2014），我们对其采取两种方法进行估计。

第一，采取有序 Logit 模型（ordered logistic regression，OLR）进行估计。由于因变量 *ODImodeEx* 代表着该投资项目在水平型国际直接投资与垂直型国际直接投资之间的倾向性，因此对于开展海外投资的中国企业而言，仅存在水平型国际直接投资与垂直型国际直接投资二元选择时，因变量的不同水平取值可以寻找到潜在的有序定义。基于这种理解，我们将其看作有序因变量，因此采取有序 Logit 模型进行估计。

第二，采取泊松回归（Poisson Regression）模型进行估计。观察图 6－1 可知，因变量 *ODImodeEx* 的分布特征具有左偏峰特征，在一定程度上近似泊松分布特征。此外，参考既往文献与本书相关章节，泊松回归属于离散因变量估计惯用模型之一。另外，由于因变量 *ODImodeEx* 取值的实际意义在于反映企业在水平型与垂直型二元选择中的倾向性，因此对其取值整体平移至 0 以上并不会影响其在本书中的经济学意义，保证了使用泊松回归的适用性。由于泊松分布与负二项分布存在一定相似性，且二项分布在样本量较大时会愈加接近泊松分布，因此在估计前需对此进行检验。

2. 估计方程（6－2）的方法选择

参考既往文献与前两章中的实证方法，对估计方程式（6－2）采取加入固定效应的 Logit 迭代重加权最小二乘估计即可。

6.4.2 估计方法说明

1. 有序 Logit 回归

有序 Logit 回归，又称为多分类或多水平有序因变量回归，因为其不同水平间概率具有相关性，因此又称为累积概率 Logit 模型。

在现实中，经常遇到因变量为多分类有序变量的情况，例如，评价指标分为差、中、良、优等，各等级之间是有序的。这种情况下的 Logit 回归分析通常称为比例比数模型（累积概率模型），它需要拟合 $m-1$（m 为水平或等级个数）个 Logit 回归模型。而显然在本章的实证中，由于中国企业农业对外投资项目在水平型与垂直型海外投资之间的选择，为七个水平上的倾向性指数，其满足使用有序 Logit 回归模型的前提。

有序累积概率 Logit 模型：

$$P(y_i \leqslant j \mid X_i) = \frac{e^{a_j + \beta^T X_i}}{1 + e^{a_j + \beta^T X_i}}, \quad i = 1, 2, \dots, n; \quad j = 1, 2, \dots, m-1$$

或

$$\ln \frac{\sum_{k=1}^{j} P(y_i = k \mid X_i)}{1 - \sum_{k=1}^{j} P(y_i = k \mid X_i)} = \alpha_j + \beta^T X_i, \quad j = 1, 2, \dots, m-1 \quad (6-3)$$

有序累积概率模型参数的极大似然估计就是寻找参数使得联合概率实现最大化，由于观测之间相互独立，联合概率被分解成边缘概率之积。而观测到 $y_i = j$ 的概率就是累积概率之差：

$$P(y_i = j \mid X_i) = P(y_i \leqslant j \mid X_i) - P(y_i \leqslant j-1 \mid X_i) \quad (6-4)$$

第 i 个观测值对应似然值的贡献取决于观测到哪一个 j 值，因此对于次序响应的每个 j 值，取所有 $y_i = j$ 的观测值的乘积，有似然函数：

$$L = \prod_{i=1}^{n} \prod_{j=1}^{m} P(y_i = j \mid X_i)^{d_{ij}}, \text{ 其中若 } y_i = j, \text{ 则 } d_{ij} = 1, \text{ 否则 } d_{ij} = 0$$

$$(6-5)$$

并且对于任一个观测 X_i 而言，只有一个等级事件发生，即 $\sum_{j=1}^{m} P(y_i = j \mid X_i) = 1$，故有式（6-5）。其对数似然函数如下（对于分组数据，似然函数变为：$L = \prod_{i=1}^{n} \prod_{j=1}^{m} P(y_i = j \mid X_i)^{n_i d_{ij}}$，$n_i$ 分组中各分类例数）。

$$\begin{aligned}
\ln L &= \sum_{i=1}^{n} \sum_{j=1}^{m} d_{ij} \ln P(y_i = j \mid X_i) \\
&= \sum_{i=1}^{n} \left[d_{i1} \ln \frac{e^{a_1 + \beta^T X_i}}{1 + e^{a_1 + \beta^T X_i}} + d_{im} \ln \left(1 - \frac{e^{a_{m-1} + \beta^T X_i}}{1 + e^{a_{m-1} + \beta^T X_i}} \right) \right. \\
&\quad \left. + \sum_{j=2}^{m-1} d_{ij} \ln \left(\frac{e^{a_j + \beta^T X_i}}{1 + e^{a_j + \beta^T X_i}} - \frac{e^{a_{j-1} + \beta^T X_i}}{1 + e^{a_{j-1} + \beta^T X_i}} \right) \right]
\end{aligned} \quad (6-6)$$

$$其中，P(y=j\mid X) = \begin{cases} \dfrac{e^{a_1+\beta^T X_i}}{1+e^{a_1+\beta^T X_i}} & j=1 \\[4mm] \dfrac{e^{a_j+\beta^T X_i}}{1+e^{a_j+\beta^T X_i}} - \dfrac{e^{a_{j-1}+\beta^T X_i}}{1+e^{a_{j-1}+\beta^T X_i}} & 1<j\leqslant m-1 \\[4mm] 1 - \dfrac{e^{a_{m-1}+\beta^T X_i}}{1+e^{a_{m-1}+\beta^T X_i}} & j=m \end{cases}$$

然后就可以通过极大似然法，结合 Newton – Raphson 方法加以求解参数 a_1，…，a_{m-1}，β，需要注意的是，$a_1 < a_2 < \dots < a_{m-1}$。下面给出具体推导 a_1，…，a_{m-1}，β 求解的详细过程。对式（6-6）进行化简，可得

$$\ln L = \sum_{i=1}^{n}\left\{\sum_{j=2}^{m-1} d_{ij}\left[\beta^T X_i + \ln(e^{a_j}-e^{a_{j-1}}) - \ln(1+e^{a_j+\beta^T X_i}) - \ln(1+e^{a_{j-1}+\beta^T X_i})\right]\right. $$
$$\left. + d_{i1}\left[a_1 + \beta^T X_i - \ln(1+e^{a_1+\beta^T X_i})\right] - d_{im}\ln(1+e^{a_{m-1}+\beta^T X_i})\right\} \quad (6-7)$$

$$\frac{\partial \ln L}{\partial a_1} = \sum_{i=1}^{n}\left[d_{i1}\frac{1}{1+e^{a_1+\beta^T X_i}} - d_{i2}\left(\frac{e^{a_1}}{e^{a_2}-e^{a_1}} + \frac{e^{a_1+\beta^T X_i}}{1+e^{a_1+\beta^T X_i}}\right)\right] \quad (6-8)$$

$$\frac{\partial \ln L}{\partial a_{m-1}} = \sum_{i=1}^{n}\left[d_{im-1}\left(\frac{e^{a_{m-1}}}{e^{a_{m-1}}-e^{a_{m-2}}} - \frac{e^{a_{m-1}+\beta^T X_i}}{1+e^{a_{m-1}+\beta^T X_i}}\right) - d_{im}\frac{e^{a_{m-1}+\beta^T X_i}}{1+e^{a_{m-1}+\beta^T X_i}}\right] \quad (6-9)$$

$$\frac{\partial \ln L}{\partial a_g} = \sum_{i=1}^{n}\left[d_{ig}\left(\frac{e^{a_g}}{e^{a_g}-e^{a_{g-1}}} - \frac{e^{a_g+\beta^T X_i}}{1+e^{a_g+\beta^T X_i}}\right) - d_{ig+1}\left(\frac{e^{a_g}}{e^{a_{g+1}}-e^{a_g}} + \frac{e^{a_g+\beta^T X_i}}{1+e^{a_g+\beta^T X_i}}\right)\right],$$
$$g=2, \dots, m-2 \quad (6-10)$$

$$\frac{\partial \ln L}{\partial \beta_g} = \sum_{i=1}^{n} x_{ig}\left[d_{i1}\frac{1}{1+e^{a_1+\beta^T X_i}} - d_{im}\frac{e^{a_{m-1}+\beta^T X_i}}{1+e^{a_{m-1}+\beta^T X_i}}\right.$$
$$\left. + \sum_{j=2}^{m-1} d_{ij}\left(1 - \frac{e^{a_j+\beta^T X_i}}{1+e^{a_j+\beta^T X_i}} - \frac{e^{a_{j-1}+\beta^T X_i}}{1+e^{a_{j-1}+\beta^T X_i}}\right)\right], \quad g=1, 2, \dots, k$$
$$(6-11)$$

$$\frac{\partial^2 \ln L}{\partial a_1 \partial a_1} = -\sum_{i=1}^{n}\left\{d_{i1}\frac{e^{a_1+\beta^T X_i}}{(1+e^{a_1+\beta^T X_i})^2} + d_{i2}\left[\frac{e^{a_1+a_2}}{(e^{a_2}-e^{a_1})^2} + \frac{e^{a_1+\beta^T X_i}}{(1+e^{a_1+\beta^T X_i})^2}\right]\right\}$$
$$(6-12)$$

$$\frac{\partial^2 \ln L}{\partial a_{m-1} \partial a_{m-1}} = -\sum_{i=1}^{n}\left\{d_{im-1}\left[\frac{e^{a_{m-1}+a_{m-2}}}{(e^{a_{m-1}}-e^{a_{m-2}})^2} + \frac{e^{a_{m-1}+\beta^T X_i}}{(1+e^{a_{m-1}+\beta^T X_i})^2}\right] + d_{im}\frac{e^{a_{m-1}+\beta^T X_i}}{(1+e^{a_{m-1}+\beta^T X_i})^2}\right\}$$
$$(6-13)$$

$$\frac{\partial^2 \ln L}{\partial a_g \partial a_g} = -\sum_{i=1}^{n}\left\{d_{ig}\left[\frac{e^{a_g+a_{g-1}}}{(e^{a_g}-e^{a_{g-1}})^2} + \frac{e^{a_g+\beta^T X_i}}{(1+e^{a_g+\beta^T X_i})^2}\right]\right.$$

$$+ d_{ig+1}\Big[\frac{e^{a_{g+1}+a_g}}{(e^{a_{g+1}}-e^{a_g})^2}+\frac{e^{a_g+\beta^T X_i}}{(1+e^{a_g+\beta^T X_i})^2}\Big]\Big\}, \quad g=2,\ \ldots,\ m-2$$

$$(6-14)$$

$$\frac{\partial^2 \ln L}{\partial a_g \partial a_{g+1}}=-\sum_{i=1}^{n}-d_{ig+1}\frac{e^{a_g+a_{g+1}}}{(e^{a_{g+1}}-e^{a_g})^2},\quad g=1,\ 2,\ \ldots,\ m-2 \quad (6-15)$$

$$\frac{\partial^2 \ln L}{\partial a_g \partial \beta_h}=-\sum_{i=1}^{n}x_{ih}(d_{ig}+d_{ig+1})\frac{e^{a_g+\beta^T X_i}}{(1+e^{a_g+\beta^T X_i})^2},$$

$$g=1,\ \ldots,\ m-1;\ h=1,\ 2,\ \ldots,\ k \quad (6-16)$$

$$\frac{\partial^2 \ln L}{\partial \beta_g \partial \beta_h}=-\sum_{i=1}^{n}x_{ig}x_{ih}\Big\{d_{i1}\frac{e^{a_1+\beta^T X_i}}{(1+e^{a_1+\beta^T X_i})^2}+d_{im}\frac{e^{a_{m-1}+\beta^T X_i}}{(1+e^{a_{m-1}+\beta^T X_i})^2}$$

$$+\sum_{j=2}^{m-1}d_{ij}\Big[\frac{e^{a_j+\beta^T X_i}}{(1+e^{a_j+\beta^T X_i})^2}+\frac{e^{a_{j-1}+\beta^T X_i}}{(1+e^{a_{j-1}+\beta^T X_i})^2}\Big]\Big\},$$

$$g,\ h=1,\ 2,\ \ldots,\ k \quad (6-17)$$

由此构建信息矩阵 $I(a,\ \beta)$ 和 $F(a,\ \beta)$，并迭代求解。

2. 泊松回归模型

一般情况下，单位容积水中的细菌数，单位时间内某些事件发生的次数，单位面积上降落的灰尘的颗粒数等，都可以用 Poisson 分布来描述。由图 6-1 可知，$ODImodeEx$ 的概率密度分布具有显著的泊松分布特征，因此我们选择泊松回归具有一定的合理性。

一般 Poisson 分布描述成随机变量 $Y \sim P(\lambda)$，概率分布律为：

$$P(Y=y)=e^{-\lambda}\frac{\lambda^y}{y!},\ y=0,\ 1,\ 2,\ \ldots \quad (6-18)$$

易知 $EY=\lambda$，通常 λ 可能受到众多因素的影响，不妨假设这些因素为 $x_1,\ x_2,\ \ldots,\ x_k$（自变量、协变量），令 $X=(1,\ x_1,\ x_2,\ \ldots,\ x_k)$，对于分组数据，Poisson 分布的期望发生数假设为：

$$E(y_i \mid X_i)=\lambda_i=n_i e^{\beta_0+\beta_1 x_{i1}+\ldots+\beta_k x_{ik}}=n_i e^{\beta^T X_i} \quad (6-19)$$

其中 $\beta=(\beta_0,\ \beta_1,\ \ldots,\ \beta_k)^T$ 为回归参数，n_i 为第 i 组的总观测数。回归模型的似然函数为 Poisson 分布条件下各个概率函数的乘积，因此 Poisson 分布的极大似然函数和对数似然函数具体形式分别为：

$$L = \prod_{i=1}^{n} p_i = \prod_{i=1}^{n} e^{-\lambda_i} \frac{\lambda_i^{y_i}}{y_i!} = e^{-\sum_{i=1}^{n} \lambda_i} \prod_{i=1}^{n} \frac{\lambda_i^{y_i}}{y_i!} \qquad (6-20)$$

$$\ln L = -\sum_{i=1}^{n} \lambda_i + \sum_{i=1}^{n} y_i \ln \lambda_i - \sum_{i=1}^{n} \ln(y_i!) \qquad (6-21)$$

代入 $\lambda_i = n_i e^{\beta^T X_i}$，得

$$\ln L = \sum_{i=1}^{n} \left[y_i \ln(n_i e^{\beta^T X_i} - n_i e^{\beta^T X_i}) \right] - \sum_{i=1}^{n} \sum_{j=1}^{y_i} \ln j$$

$$= \sum_{i=1}^{n} \left[y_i \ln(n_i) + y_i \beta^T X_i - n_i e^{\beta^T X_i} \right] - \sum_{i=1}^{n} \sum_{j=1}^{y_i} \ln j \qquad (6-22)$$

令

$$F_g(\beta) = \frac{\partial \ln L(\beta)}{\partial \beta_g} = \sum_{i=1}^{n} \left[y_i X_{ig} - n_i X_{ig} e^{\beta^T X_i} \right] \qquad (6-23)$$

$$I_{gh}(\beta) = -\frac{\partial^2 \ln L(\beta)}{\partial \beta_g \partial \beta_h} = \sum_{i=1}^{n} n_i X_{ig} X_{ih} e^{\beta^T X_i}, \quad g, \ h = 0, 1, \ldots, k \qquad (6-24)$$

以单参数估计方程组为例，由于其为非线性方程组，没有解析解，因此可采用 Newton – Raphson 迭代法求解参数 $\beta = (\beta_0, \beta_1, \ldots, \beta_k)^T$ 的极大似然估计。将 $F_g(\beta)$ 改写为如下形式：

$$\begin{cases} \dfrac{\partial \ln L(\beta)}{\partial \beta_0} = \sum_{k=1}^{n} \left[y_k - \exp(X_k^T \beta) \right] = 0 \\[2mm] \dfrac{\partial \ln L(\beta)}{\partial \beta_1} = \sum_{k=1}^{n} \left[y_k x_{k1} - x_{k1} \exp(X_k^T \beta) \right] = 0 \\[2mm] \cdots \\[2mm] \dfrac{\partial \ln L(\beta)}{\partial \beta_k} = \sum_{k=1}^{n} \left[y_k x_{kq} - x_{kq} \exp(X_k^T \beta) \right] = 0 \end{cases}$$

再令：

$$F(\beta) = \begin{bmatrix} \sum_{k=1}^{n} \left[y_k - \exp(X_k^T \beta) \right] \\[2mm] \sum_{k=1}^{n} \left[y_k x_{k1} - x_{k1} \exp(X_k^T \beta) \right] \\[2mm] \cdots \\[2mm] \sum_{k=1}^{n} \left[y_k x_{kq} - x_{kq} \exp(X_k^T \beta) \right] \end{bmatrix}$$

则 $F(\beta)$ 关于 β 的 Jacobian 矩阵为：

$$J(\beta) = \frac{\partial^2 \ln L(\beta)}{\partial \beta_i \partial \beta_j} = -\sum_{k=1}^{n} x_{ki} x_{kj} \exp(X^T \beta) , \ i=0, 1, \ldots, q, \ j=0, 1, \ldots, q \tag{6-25}$$

具体形式为：

$$J(\beta) = \begin{bmatrix} -\sum\limits_{k=1}^{n} \exp(X_k^T \beta) & -\sum\limits_{k=1}^{n} x_{k1} \exp(X_k^T \beta) & \ldots & -\sum\limits_{k=1}^{n} x_{kq} \exp(X_k^T \beta) \\ -\sum\limits_{k=1}^{n} x_{k1} \exp(X_k^T \beta) & -\sum\limits_{k=1}^{n} x_{k1}^2 \exp(X_k^T \beta) & \ldots & -\sum\limits_{k=1}^{n} x_{k1} x_{kq} \exp(X_k^T \beta) \\ \ldots & \ldots & \ldots & \ldots \\ -\sum\limits_{k=1}^{n} x_{kq} \exp(X_k^T \beta) & -\sum\limits_{k=1}^{n} x_{kq} x_{k1} \exp(X_k^T \beta) & \ldots & -\sum\limits_{k=1}^{n} x_{kq}^2 \exp(X_k^T \beta) \end{bmatrix}$$

对应的向量形式为：

$$J(\beta) = -\sum_{k=1}^{n} \exp(X_k^T \beta) X_k X_k^T \tag{6-26}$$

则根据 Newton – Raphson 方法的原理，可得参数 β 迭代公式为：

$$\beta^{(m+1)} = \beta^{(m)} - [J(\beta^{(m)})]^{-1} F(\beta^{(m)}), \ m=0, 1, 2, \ldots \tag{6-27}$$

其中：

第一步，给定参数 β 的初值参数 $\beta^{(0)}$ 和误差容许精度 ε，令 $m=0$；

第二步，计算 $\beta^{(m+1)} = \beta^{(m)} - [J(\beta^{(m)})]^{-1} F(\beta^{(m)})$，$m=0, 1, 2, \ldots$；

第三步，若 $\|F(\beta^{(m)})\| < \varepsilon$，即满足容许的精度，则结束，否则更新参数 $\beta^{(m)} = \beta^{(m+1)}$，$m = m+1$，转至第二步，直到满足容许精度要求为止。由此即实现了对泊松模型回归的估计。

6.4.3 估计过程与结果

首先对方程（6 – 1）使用泊松回归与负二项分布回归的适用性进行检验，得到 Likelihood Ratio 检验结果如表 6 – 4 所示。

表6-4　　　ODImodeEx 的泊松分布与负二项分布 Likelihood Ratio 检验

项目	取值
Alpha	$3.65E-18$
Chibar2	0
$Prob \geqslant Chibar2$	0.91

原假设为 Alpha 等于零，即该分布不存在过度分散，应使用泊松回归估计。由该结果来看，Alpha 值非常小，P 值也较大，充分表明不能拒绝原假设。即 ODImodeEx 的分布不具备过度分散特征，不能使用负二项分布回归，应使用泊松回归进行估计。

由此，分别采取有序 Logit 模型与泊松回归进行估计的结果综合如表6-5所示。

表6-5　　　　　　　　　估计方程（6-1）估计结果

项目	有序 Logit 模型估计	泊松回归估计
	ODImodeEx	ODImodeEx
ID	是	否
Year	否	否
MobilityScore	1.826 *** (40.00)	0.219 *** (24.68)
Population	$1.79e-10$ * (2.34)	$1.34e-11$ (0.58)
NR	-2.250 *** (-27.48)	-0.267 *** (-13.70)
LC	0.00000708 ** (3.03)	0.000000862 (1.32)
TradingacrossBordersDTF	-0.0124 *** (-5.22)	-0.00137 * (-2.14)
_cons		7.332 (0.96)

续表

项目	有序 Logit 模型估计	泊松回归估计
	ODImodeEx	*ODImodeEx*
*cut*1_*cons*	− 55. 64 * (− 1. 99)	
*cut*2_*cons*	− 52. 94 (− 1. 90)	
*cut*3_*cons*	− 50. 28 (− 1. 80)	
*cut*4_*cons*	− 48. 63 (− 1. 74)	
*cut*5_*cons*	− 46. 64 (− 1. 67)	
*cut*6_*cons*	− 43. 82 (− 1. 57)	
N	3 059	3 059

注：括号内的值为 t 值，***、**、* 分别表示通过 0.1%、1% 和 5% 的显著性检验。

然后，对估计方程（6 - 2）进行估计，得到估计结果如表 6 - 6 所示。

表 6 - 6 **估计方程（6 - 2）估计结果**

项目	加入固定效应的 Logit 迭代重加权最小二乘估计
	ODImode
ID	是
Year	否
ODImodeEx	0. 435 *** (13. 12)
_*cons*	122. 8 *** (4. 19)
N	3 163

注：括号内的值为 t 值，***、**、* 分别表示通过 0.1%、1% 和 5% 的显著性检验。

6.4.4　估计结果讨论

综合上述估计结果，可以得到以下两大方面的主要结论。

1. 使用有序 Logit 与泊松回归的估计结果显著性基本一致，假说 6 - 1 得到验证

其中有序 Logit 回归估计结果相比泊松回归估计结果收敛得更快，具体包括以下四个方面：

第一，两种模型回归结果均支持，企业核心能力（全要素生产率）的跨境流动性异质性，对企业开展海外投资在水平型与垂直型国际直接投资之间的模式选择具有显著性影响，或者说同样可以在不同的产业环节（行业）的海外投资中观察到水平型与垂直型的倾向分布特征。以中国企业农业对外投资项目来看，当企业海外投资经营业务所涉行业跨境流动性能力需求得分增加时，或者说企业能力的跨境流动性异质性增强时，企业将更倾向于选择垂直型国际直接投资。这与前面的理论预期相符合。

具体来说，以泊松回归估计结果为例，投资项目的跨境流动性能力需求得分增加 1 分时，将提高该投资项目选择垂直型国际直接投资概率 P 的 21.9%，即 $21.9\% \times P$。而以有序 Logit 回归估计结果来看，假定将 $ODImode\text{-}Ex$ 的最小值，即选择水平型国际直接投资的最大概率，或者说选择垂直型国际直接投资的最小概率看作是基准线，由于其估计参数为 1.826，则当投资项目跨境流动性能力需求得分每增加 1 分，该投资项目选择垂直型国际直接投资的胜率（odds ratio，OR）将提高 $e^{1.826} - 1 = 5.209$ 倍，而相比跨境流动性能力需求低 1 分的水平上选择垂直型国际直接投资的概率 P，此时选择垂直型国际直接投资的概率将增加 $P/(1 + 5.209) = 16.11\% \times P$。由于在二元选择下，可以假定选择水平型国际直接投资的概率 = 1 - 选择垂直型国际直接投资的概率，因此，垂直型国际直接投资概率的减少就是企业选择水平型国际直接投资概率的增长（以下皆同）。

第二，两种模型回归结果均支持，中国企业海外投资项目业务所涉行业的农业自然资源依赖性，对企业选择垂直型国际直接投资具有负面影响。即当中国企业农业对外投资项目的业务范围，越依赖于自然资源时，企业选择垂直型国际直接投资的概率越低，而选择水平型国际直接投资的概率越高。这与前面所述的理论预期相符。具体来看，以泊松估计结果为例，当投资项目自然资源依赖性指数增加 1 个单位时，将降低企业选择垂直型国际直接投资概率 P 的 26.7%，即 $-26.7\% \times P$。以有序 Logit 回顾估计结果来看，由于其估计参数为 -2.250，则当投资项目自然资源依赖性指数增加 1 个单位时，该投资项目选择垂直型国际直接投资的胜率将减少 $1 - e^{-2.250} = 0.8946$ 倍，此时选择垂直型国际直接投资的概率将减少 $P/(1 + 0.8946) = 52.8\%$，即 $-52.8\% \times P$。

第三，两种模型回归结果均支持，中国企业海外投资项目所进入东道国贸易进出口成本，对企业选择垂直型国际直接投资具有负面影响。即当东道国贸易进出口成本增加时，企业选择垂直型国际直接投资的概率越低。这与前面所述的理论预期相符。具体来看，以泊松结果为例，当投资项目所在东道国贸易进出口成本前沿指数增加 1 个单位时，将降低企业选择垂直型国际直接投资概率 P 的 0.137%，即 $-0.137\% \times P$。而以有序 Logit 回归估计结果来看，由于其估计参数为 -0.0124，则当投资项目所在东道国贸易进出口成本前沿指数增加 1 个单位时，该投资项目选择垂直型国际直接投资的胜率将减少 $1 - e^{-0.0124} = 0.0123$ 倍，此时选择垂直型国际直接投资的概率将减少 $P/(1 + 0.0123) = 98.8\%$，即 $-98.8\% \times P$。

第四，两种模型回归结果中，中国企业海外投资项目所进入东道国潜在市场规模、劳动力成本、企业的个体固定效应三者，仅在有序 Logit 回归估计中呈现出微弱的显著性影响，且影响方向与前面理论预期相符。而三者在泊松回归估计中不具备显著性，因此对这三个指标的检验结果并不稳健。这说明在中国企业农业对外投资中，这三个指标并不是影响中国企业选择水平型还是垂直型国际直接投资模式的显著影响因素。

2. 使用加入固定效应的 Logit 迭代重加权最小二乘估计结果显示假说 6 - 2 得到验证

具体包括以下两个方面：

第一，两种模式选择维度具有相关性，且正如推论假说6-2中的理论预期所描述。即中国企业在开展农业对外投资时，当选择垂直型国际直接投资时同时倾向于采取绿地投资模式，而当选择水平型国际直接投资时同时倾向于采取跨国并购模式，而造成这样的结果正是前面理论讨论中分析的，企业异质性在其中起着核心轴作用的内在机制下的理论预期所得出的判断。

第二，在两个维度的关联性解释中，企业的个体固定效应与年份的时间固定效应均显著，这代表着还有其他企业特征与宏观经济环境影响中国企业农业对外投资在绿地投资与跨国并购之间的最终分布。这一结论也显示了另一种视角下的结论，由于前面所讨论的理论预期均得到了检验，因此在理论预期范畴之外的显著影响因素就代表着干扰企业通过国际化发展欲实现的常规目标，在中国企业农业对外投资项目中，也许存在部分项目受到各种各样非企业异质性、非行业异质性与非东道国异质性的约束而被迫选择了次优的投资模式（如融资约束、人力资本约束、文化差异约束等），并可能制约了中国企业农业对外投资的经营效率与快速发展。

6.5 本章小结

在本章中，我们首先对HPM模型理论预期的经典认识，结合新古典国际直接投资理论中关于企业行为认识的文献进行了更为具体的讨论，并分别结合HMY、NY与HPM模型的理论预期，提出了两条推论假说6-1与假说6-2。随后，我们基于3 163个中国企业农业对外投资项目信息，通过实证方法验证了两条假说在中国企业农业对外投资项目中也成立，其具体内容如下：

第一，中国企业全要素生产率的跨境流动性、海外业务的农业自然资源依赖性、东道国贸易成本，对其农业对外投资在水平型国际直接投资与垂直型国际直接投资两者之间的选择有显著影响，而东道国潜在市场规模与东道国劳动力成本对中国企业农业对外投资在水平型国际直接投资与垂直型国际直接投资两者之间的选择不能观察到存在显著影响。中国企业农业对外投资在水平型国际直接投资与垂直型国际直接投资两者之间的选择因企业异质性与海外业务所属产业环节而呈现显著差异。具体而言，中国企业农业对外投资项目海外业务所涉产业环节需加总跨境流动性能力较多、海外业务对农业自然资源依赖性更弱、东道国贸易进出口成本更低时，中国企业农业对外投资更加倾向于选择垂直型国际直接投资。而相反的，当中国企业农业对外投资项目海外业务所涉产业环节需加总跨境流动性能力较少、海外业务对农业自然资源依赖性更强、东道国贸易进出口成本更高时，中国企业农业对外投资更加倾向于选择水平型国际直接投资。

第二，中国企业农业对外投资在两种维度模式的选择上具有显著相关性。具体来说，中国企业农业对外投资项目选择垂直型国际直接投资时，更倾向于采取绿地投资模式；而其选取水平型国际直接投资时，更倾向于采取跨国并购模式。

综上所述，两点推论假说经过实证检验后的具体诠释，结合本章关于HPM模型理论预期的内在机制讨论，充分体现了中国企业农业对外投资在模式选择第二维度（水平型与垂直型国际直接投资）之间行为分布特征，以及在中国企业异质性具有决定性影响的内在机制基础上，第二维度与第一维度（绿地投资与跨国并购）呈现出显著相关性。这为认识中国企业农业对外投资的动因与选择，以及中国农业海外投资发展面临的机遇与挑战，提供了更加直观的展示并打开了针对中国企业农业对外投资发展进一步开展更细节的结构分析研究的大门。

第 7 章

结论与启示

7.1 研究结论

7.1.1 中国企业农业对外投资的模式选择分布、企业类型与发展目标

经由实证结论验证，并且根据本书中关于模式选择内生机制的企业行为的经济学理论讨论，开展农业对外投资的中国企业可以按照在两个维度上的模式选择分布分为以下四种类型（见表 7-1），并且具有典型的发展目标差异。由此，通过本书的微观实证研究，实现了对中国企业农业对外投资的微观分布直观认识。

表 7-1　　中国企业农业对外投资模式选择下对应企业类型与战略目标矩阵

项目		水平型国际直接投资	垂直型国际直接投资
绿地投资	数量（个）	1 092	909
	类型（目标）	中小型产业链前端企业（目标：连锁加盟运营，服务东道国市场）	中小型产业链终端企业（目标：精品全产业链，服务国内市场）

142

项目		水平型国际直接投资	垂直型国际直接投资
跨国并购	数量（个）	842	320
	类型（目标）	大中型产业链终端企业（目标：产业链关键环节垄断优势，服务全球市场）	大中型产业链终端企业（目标：前端产业链拓展，全产业链竞争，服务国内市场）；大中型产业链前端企业（目标：终端产业链拓展，全产业链竞争，服务全球市场）

7.1.2 核心实证结论

在本书中，我们针对中国企业农业对外投资模式选择这一企业国际生产组织行为展开研究，重点基于企业异质性视角，尤其是立足于企业核心能力（全要素生产率）的跨境流动性这一在国际市场中更为深入的企业异质性内涵，对中国企业农业对外投资在两种模式维度（第一种为绿地投资与跨国并购；第二种为水平型国际直接投资与垂直型国际直接投资）中的选择分布特征与选择的内在机制，进行了详细的理论分析讨论，联合 HMY、NY、HPM 模型的理论预期，提出了 6 条推论假说。我们利用根据商务部 2016 发布的《境外企业（机构）备案结果公开投资名录 2016》中筛选得到的 3 588 家中国企业在海外开展的涉农投资项目，结合整理清洗得到的"中国工业企业数据库 1998~2013"中 43 万多家中国农业企业面板数据，以及世界银行数据库与世界银行 Doing Business 数据库中关于全球 190 多个国家的经济与投资营商环境特征数据，对 6 条假说进行了验证。综合上述理论预期的推论假说与实证检验结果，可以将本书的核心结论总结为：在中国企业农业对外投资中，绿地投资模式与垂直型国际直接投资模式占据主导地位；而两种维度中模式选择的分布特征具有显著相关性，其根本是由开展农业对外投资的中国企业的全要素生产率（或企业核心能力）的跨境流动性（企业异质性的内涵）所内生决定的，表现为中国企业所投资的海外涉农项目的经营业务所属产业环节的异质性（行业异质性）与投资所在东道国特征（国家异质性），均对中国企业农业对外投资模式选择的分布特征具有显著性影响。

7.1.3 三个层次的具体结论

下面就三个层次的研究结论进行概述。

1. 中国企业农业对外投资行为是否满足 HMY 模型理论预期

基于 1998 ~ 2013 年 445 759 个中国涉农企业的面板观测值，其中包含 3 339 个样本观测值开展了农业对外投资，使用面板随机效应 Logit 模型与加入固定效应的 Logit 迭代重加权最小二乘估计，利用前序工具变量修正了可能存在的内生性影响，得到了稳健的实证结果，验证了我们在本书中基于 HMY 模型的理论预期，提出的推论假说 4 - 1：中国涉农企业的全要素生产率及其国有产权属性对企业选择开展农业对外投资的行为分别具有显著的正面与负面影响。中国企业农业对外投资行为显著符合 HMY 模型的理论预期。

假说 4 - 1 的证明，为后续理论推论假说的演绎推出以及后续实证检验的可靠性提供了必要且可靠的前提保障。

2. 中国企业农业对外投资在第一维度（绿地投资与跨国并购）上的选择分布与内在机制

基于 2005 ~ 2016 年 3 435 个中国企业农业对外投资项目，与世界银行 Doing Business 数据库在 2005 ~ 2016 年的面板数据，使用固定效应面板 Logit 模型估计，验证了我们在本书中联合 HMY 模型与 NY 模型的理论预期，提出的推论假说 5 - 1、假说 5 - 2 与假说 5 - 3。

假说 5 - 1：中国企业全要素生产率的跨境流动性对其农业对外投资在绿地投资与跨国并购两者之间的选择有显著影响，或者说中国企业农业对外投资在绿地投资与跨国并购两者之间的选择因产业环节而呈现显著差异。具体而言，中国企业农业对外投资项目海外业务所涉产业环节所需加总跨境流动性能力较多时，更加倾向于选择绿地投资模式，而相比所需加总跨境流动性能力较少时，更加倾向于选择跨国并购模式。

假说 5 - 2：中国企业农业对外投资的东道国特征对在该国投资项目在绿

地投资与跨国并购两者之间的选择有显著影响。具体而言，更高的发起商业活动成本、获取电力时间与成本、资产注册时间与成本、贸易进出口成本，会提高中国企业在该国开展农业投资时选择跨国并购的概率。而更健全的履约保障与法律体系也会提高中国企业在该国开展农业投资时选择跨国并购的概率。

假说 5 - 3：中国企业农业对外投资的动因对其在绿地投资与跨国并购两者之间的选择有显著影响。具体而言，具有自然资源寻求动因的项目更倾向于选择跨国并购模式，而具有成本效率寻求动因的项目更倾向于选择绿地投资模式。

三点假说被实证检验所证明，充分体现了中国企业农业对外投资在模式选择第一维度（绿地投资与跨国并购）之间行为分布特征，是企业核心能力跨境流动性异质性影响下的内生机制结果，这为我们认识开展农业对外投资的中国企业行为给予了直观性的展现与理解以及为进一步研究奠定了基础。

3. 中国企业农业对外投资在第二维度（水平型与垂直型海外投资）上的选择分布与内在机制

基于 2005 ~ 2016 年 3 163 个中国企业农业对外投资项目，与世界银行数据库中部分指标在 2005 ~ 2016 年的面板数据，使用有序 Logit 模型、Poisson 回归模型、固定效应面板 Logit 模型估计，验证了我们在本书中分别联合 HMY 模型、NY 模型与 HPM 模型的理论预期，提出的推论假说 6 - 1 与假说 6 - 2。

假说 6 - 1：中国企业全要素生产率的跨境流动性、海外业务的农业自然资源依赖性、东道国贸易成本，对其农业对外投资在水平型国际直接投资与垂直型国际直接投资两者之间的选择有显著影响，而东道国潜在市场规模与东道国劳动力成本对中国企业农业对外投资在水平型国际直接投资与垂直型国际直接投资两者之间的选择不能观察到存在显著影响。中国企业农业对外投资在水平型国际直接投资与垂直型国际直接投资两者之间的选择因企业异质性与海外业务所属产业环节而呈现显著差异。具体而言，中国企业农业对外投资项目海外业务所涉产业环节需加总跨境流动性能力较多海外业务对农业自然资源依赖性更弱、东道国贸易进出口成本更低时，中国企业农业对外投资更加倾向于选择垂直型国际直接投资。而相反的，当中国企业农业对外投资项目海外业务所涉产业环节需加总跨境流动性能力较少、海外业务对农业自然资源依赖性更强、东道国贸易进出口成本更高时，中国企业农业对外投资更加倾向于选择水平型国际直接投资。

假说6-2：中国企业农业对外投资在两种维度的模式选择上具有显著相关性。具体来说，中国企业农业对外投资项目选择垂直型国际直接投资时，更倾向于采取绿地投资模式；而其选取水平型国际直接投资时，更倾向于采取跨国并购模式。

假说6-1和假说6-2被实证检验所证明，其充分体现了中国企业农业对外投资在模式选择第二维度（水平型与垂直型国际直接投资）之间行为分布特征，并且其根本上是企业核心能力跨境流动性异质性影响下的内生机制结果，并因此使得中国企业农业对外投资在第一维度与第二维度上的分布呈现显著相关性。这为认识中国企业农业对外投资的动因与选择行为提供了直观的展示与描述，并为针对中国企业农业对外投资发展进一步开展更深入的结构分析奠定了基础。

7.2　政策启示

综合本书对中国企业农业对外投资发展的现状描述、模式选择分布特征与内在机制认识，以及上述研究结论，针对加快中国企业农业对外投资发展，我们提出以下六点政策建议。

（1）针对中国企业农业对外投资中不同动因、需求、约束与挑战，提供多元化的支持政策与服务，促进不同农业产业环节中开展农业对外投资的中国企业更快更健康发展。

中国企业农业对外投资模式选择的差异性是源于其企业异质性，直接表现为不同产业环节中的模式分布特征差异，且受到其海外投资的动因与东道国特征约束。应针对中国企业农业对外投资中遇到的不同动因、需求、约束与挑战，转变过去资本支持与行政程序支持的简单支持手段，针对不同企业海外投资项目在不同产业环节上所遇见的国内外困难与挑战，切实从企业国际化发展咨询与服务层面，对中国企业农业对外投资提供更为多元化的支持政策与服务，对于重点项目应提供更具针对性的支持政策与服务，促进不同产业环节中开展农业对外投资的中国企业更快更健康发展。

（2）针对在开展农业对外投资中选择了不同模式、奔赴不同地区和东道国开展农业对外投资的中国企业与其农业对外投资项目，提供差异化的支持政策与服务，促进不同模式、不同东道国的中国企业农业对外投资更快更健康发展。

由本书的研究结论可以看出，中国企业在海外开展农业投资在不同的模式、地区和东道国上的分布特征，本质上是其受到企业的异质性、行业异质性、与东道国国家异质性等约束影响下的内生选择结果，不同模式、不同东道国的中国企业农业对外投资项目面临着不同的结构化共性挑战与风险，对政策与服务的需求存在结构化的共性差异，因此需要转变过去"一刀切"的支持政策与服务，为不同模式选择下的以及在不同东道国开展农业投资的中国企业及其农业对外投资项目，提供差异化的支持政策与服务，充分促进其实现在内生机制下选择不同投资模式的经济效率初衷与经营目标，使中国企业农业对外投资能够更快更健康发展。

（3）依托"一带一路"倡议与区域性发展共识，优先与沿线经济体开展农业国际合作，尽可能减小区域政治风险与经济波动风险冲击。

在"一带一路"沿线开展农业国际合作，具有三点显著优势：第一，"一带一路"沿线经济体大多农业发展水平较低，农业外交必将成为我国实践"一带一路"倡议中不可或缺的重要议题，合作发展共识可以有效减少区域政治风险的冲击，以及通过加强合作共同抵御全球农业经济波动风险的冲击；第二，从国际直接投资一般周期与路径理论出发，"一带一路"沿线经济体是我国农业海外投资满足内部化优势与区位优势的优先选择；第三，从相近的自然资源禀赋与农业种植历史、地缘优势与交通潜力、农业互补关系等方面来看，在"一带一路"沿线开展农业国际合作具有深远的发展前景。

（4）积极拥抱农业全球化进程，创造支持开放交流平台建设，促进国内外涉农企业间的沟通了解和信任，从企业层面构建新型农业国际合作发展关系。

党的十九大报告提出要"推动形成全面开放新格局"。进入 21 世纪以来，全球农业化不断深化发展。尤其近 10 年来，中国企业农业对外投资行为如雨后春笋遍地发芽。应当顺应时代环境与历史趋势，创造与支持农业国际化开放交流大平台，促进中国涉农企业与海外农业企业之间，中国农业市场与海外农业市场之间的相互沟通、了解与信任增进。中国农业国际化发展既是中国农业发展的必然需求，也是中国农业发展的必然趋势。通过在企业层面的交流与互通，可以让中国企业在中国农业国际化发展过程中发挥出更积极的作用，从企业层面构建中国与世界的新型农业国际合作发展关系，加强共商共建共享，在开展农业对外投资时，放弃过去简单的自然资源寻求与规模经济或垄断优势寻求等非持续发展投资动因，充分考虑投资项目所在东道国当地居民支持、社区融入、区域经济发展与生态保护等东道国的本地化需求，促进中国企业农业对外投资健康可持续发展，也促进中国农业国际化健康可持续发展。

（5）加大定向金融支持力度，加强对开展农业对外投资的中国企业的风险意识与管理能力培训，积极提供服务与信息咨询等工作，有针对性地扶持一批大中型企业成为在部分关键农业产业环节领域具有国际竞争力的跨国企业。

农业海外投资项目周期长，受自然条件、技术适应性、国际市场价格波动等因素影响显著，往往面临无法事先预料的"非常规风险"，农业企业仅依靠自身进行风险管理将致使投资项目对资本市场缺乏吸引力。随着农业全球化进一步深化，国际农产品贸易将会更加不平衡，全球农业资源与高附加值产业环节竞争将会更加激烈。应当加大对农业海外投资采取诸如定向降息与投融资税收优惠等措施的金融支持力度，构建农业海外投资信息服务与风险评估机制，统筹我国农业产业安全与国际化发展需求，有针对性地给予重点扶持发展一批大中型农业企业，成为在各农业产业环节内具有国际影响力与主导地位的跨国企业，为我国粮食安全与农业产业安全提供有力保障。充分利用国家层面的国际合作信息平台，加强对农业企业开展海外投资的风险意识、风险管理与风险预案培训，充分提高中国农业企业在国际化进程中的风险综合管理应对能力。

（6）加强人才培养与吸纳支持力度，为开展农业对外投资的中国企业提供定期与不定期员工培训，增强企业对国际农业产业链、价值链发展动态与国际农业投资经营动态的了解与理解，促进中国企业农业对外投资更快更健康发展。

　　能够从事农业对外投资的关键人才既需要了解投资，又需要懂农业，还需要了解海外经营等一系列问题，中国企业农业对外投资的一个迫切需求就是具有知识资本密集性且具有流动性的人力资本劳动要素。由本书研究结论可知，缺少此类要素对于企业开展农业对外投资具有显著短板约束。因此，应加强相关人才培养与人才吸纳支持力度，利用相关官方、行业企业联盟与学界平台，定期与不定期为开展农业对外投资的中国企业提供培训，增强企业对国际农业产业链、价值链发展变化动态与国际农业投资经营动态的了解与理解，促进中国企业农业对外投资更快更健康发展。

7.3　有待进一步研究的问题

　　通过本书的研究，我们从企业异质性视角出发，基于 HMY 模型、NY 模型、HPM 模型的理论预期，深入讨论企业在开展国际直接投资时，在绿地投资与跨国并购两者之间、在水平型国际直接投资与垂直型国际直接投资两者之间的选择，以及其选择背后受到企业异质性、行业异质性与国家异质性影响决定的内生机制。这对于我们理解中国企业农业对外投资行为，乃至中国企业农业国际化发展中的国际生产组织行为，具有积极的现实意义。然而，在此方面仍然存在四点值得进一步研究的问题。

　　第一，对于中国企业农业对外投资模式选择的影响因素研究有待进一步完善。尽管在本书中，我们通过实证检验，证实了所有提出的理论推论假说，但是在部分实证结果中仍然可以看到存在显著的企业个体固定效应与年份时间固定效应，这代表着仍然有一些企业特征与宏观经济环境等因素并没有被套路。由于对这些因素的讨论，超出了本书的研究范畴（本书核心是基于企业异质性视角），因此并没有就此进一步展开。但此问题有待进一步的研究，也有待获取形成进一步完善的企业层面或投资项目层面的微观数据库，以更好地展开研究。

　　第二，对于中国企业农业对外投资模式选择下的绩效研究，由于缺少数据资料仍属空白。由于数据资料的缺失，加上海外经营项目的财务数据往往属于商业机密，而开展农业对外投资的中国企业大部分又是中小型企业，因此无论是从企业层面还是从项目层面，均难以开展中国企业农业对外投资在不同模式选择下的绩效研究。事实上，由本书中关于中国企业农业对外投资模式选择的讨论可知，其模式选择的内生机制已经蕴含了许多关于经营绩效目标或者说企业选择某种模式的经营绩效动因层面的理论预期，然而由于缺乏可用于进行实证检验的数据资料，有待未来相关数据统计更全面后进一步开展研究，并且反过来对中国企业农业对外投资模式选择中的国际生产组织安排提供佐证。

第三，本书研究重点从供给角度考察了中国企业农业对外投资的行为及其内生机制，缺少从国际需求角度对中国企业农业对外投资影响的深入研究，并且供给角度能够获取的项目微观数据是已经过国际需求这一逆向选择机制后的内生幸存样本。国际农业产业链、价值链竞争正进入新阶段，国际农业经贸规则正面临着重要转型，中国企业农业对外投资也面临着多样化挑战与风险。讨论中国企业农业对外投资发展，还应结合各东道国的需求与态度以及国际农业市场的动态发展，进行更为深入的探讨。

第四，国际经济学中产业链研究朝着价值链研究的转变，对中国企业农业对外投资行为以及未来发展具有重要启示，而从国际价值链动态结构视角对中国企业农业对外投资乃至于中国企业总体海外投资的研究仍属空白。无论是以邓宁的国际直接投资一般周期理论和四动因假说为代表的国际商务学领域的新古典国际直接投资理论，还是以 HPM – HMY – NY 模型为代表的国际经济学领域的国际直接投资理论研究（trade-theoretical FDI frameworks），均可知国际直接投资理论的发展脉络是与国际贸易理论的发展始终相随的。随着国际贸易理论在企业异质性与价值链结构两方面取得较为显著的前沿进展，国际直接投资理论也开始朝着这两个方向进步。基于前者即企业异质性的国内研究已有不少，然而基于后者即价值链结构的相关研究仍然较为缺乏，而其中针对中国企业农业对外投资的研究更属空白。

有别于过去从产业链结构的研究，价值链结构本质是内生结构。在过去的产业链结构静态分析中，企业可以根据国际产业链结构来选择符合其企业异质性、行业异质性与国家异质性约束下的最优国际生产组织选择，以实现一般均衡。然而在价值链结构的动态随机分析中，企业的国际生产组织行为本身也会影响价值链结构发生变化（Antràs and Chor，2012）。例如，在跨国公司研究领域，学界早就注意到了与开展水平与垂直一体化供给扩张不同，许多跨国公司开始采取战略外包业务（Feenstra and Hanson，1996；Horstman and Markusen，2001；Ornelas and Turner，2008；Chen，Horstman and Markusen，2012）。在经典贸易框架下，同样参考马库森（1984）的"相邻—集中权衡"，当价值链结构为内生时，企业在做出国际生产组织选择决定时，则需要同时考虑不同产业价值链环节附加值的规模收益与规模成本的权衡，换句话说在不同产业环节上的投入可能会引起在不同环节的附加值收益内生变化，从而通过该权衡获取最大收益。例如，近 10 年中，苹果手机公司将其原有持股的全球工厂均外包出去，而集中所有资源投入在科技产品的设计与品牌营销中，并通过这种方式使得在其业务所涉产业中，技术产品设计与营销环节的附加值大幅度上升，在该部分环节获得了更为显著的规模经济效益与垄断优势收益，因此在该环节开展水平型国际直接投资与战略外包就显得非常合理，而放弃了原有基于成本效率规模经济与内部化优势基础上的垂直型国际直接投资战略。从这个角度而言，沿着这一思路，对中国企业农业对外投资展开更为深入的研究，具有非常现实的前瞻性价值。

事实上，经由本书的理论讨论与实证研究可知，国际直接投资理论的核心是企业国际生产组织行为的选择。而无论国际市场如何变化，关于均衡市场模型的前提假定为何，企业国际直接投资的分布特征本质上均是企业在多重权衡（trade-off）约束下，在满足相应市场模型前提假定情况下，做出的适合其自身最优的选择。也正是这一点，促使我们可以将既往文献中的核心理论预期联系起来，并形成了针对中国企业农业对外投资模式选择行为分布特征与内在机制的这一研究。

参 考 文 献

[1] 白洁. 对外直接投资的逆向技术溢出效应——对中国全要素生产率影响的经验检验 [J]. 世界经济研究, 2009 (8): 65–69.

[2] 班博, 任惠光. 中国企业对外直接投资的绩效评价体系研究 [J]. 山东大学学报 (哲学社会科学版), 2008 (2): 104–109.

[3] 陈立敏, 杨振, 侯再平. 出口带动还是出口代替? ——中国企业对外直接投资的边际产业战略检验 [J]. 财贸经济, 2010 (2): 78–85.

[4] 程惠芳, 阮翔. 用引力模型分析中国对外直接投资的区位选择 [J]. 世界经济, 2004, 27 (11): 23–30.

[5] 程新章. 国际生产体系变革对国际直接投资理论的挑战 [J]. 国际经贸探索, 2006 (3): 60–65.

[6] 代中强. 中国企业对外直接投资动因研究——基于省际面板数据的分析 [J]. 山西财经大学学报, 2008 (11): 29–35.

[7] 杜威剑, 李梦洁. 对外直接投资会提高企业出口产品质量吗——基于倾向得分匹配的变权估计 [J]. 国际贸易问题, 2015 (8): 112–122.

[8] 樊五勇. 中国企业对外直接投资的理论思考 [J]. 暨南学报 (哲学社会科学), 1999 (2): 116–120.

[9] 高国伟. 国际直接投资与引力模型 [J]. 世界经济研究, 2009 (11): 82–86.

[10] 高宇. 对外直接投资理论及其发展 [J]. 商业研究, 2011 (12): 45–49.

[11] 葛顺奇, 罗伟. 中国制造业企业对外直接投资和母公司竞争优势 [J]. 管理世界, 2013 (6): 28–42.

［12］古广东．中国企业对外直接投资对出口贸易影响分析［J］．亚太经济，2008（1）：55－57，74．

［13］何帆．中国对外投资的特征与风险［J］．国际经济评论，2013（1）：34－50．

［14］胡义．国际直接投资理论发展前瞻分析［J］．经济经纬，2008（5）：36－39．

［15］黄维梁．我国服务企业对外直接投资策略［J］．国际贸易问题，2000（10）：52－53．

［16］冀相豹．企业融资约束是否影响中国对外直接投资？［J］．中国经济问题，2016（2）：3－15．

［17］姜广省，李维安．政府干预是如何影响企业对外直接投资的？——基于制度理论视角的研究［J］．财经研究，2016（3）：122－133．

［18］蒋殿春，张庆昌．美国在华直接投资的引力模型分析［J］．世界经济，2011（5）：26－41．

［19］蒋冠宏．企业异质性和对外直接投资——基于中国企业的检验证据［J］．金融研究，2015（12）：81－96．

［20］蒋冠宏．我国企业对外直接投资的"就业效应"［J］．统计研究，2016（8）：55－62．

［21］蒋冠宏，蒋殿春．中国对外投资的区位选择：基于投资引力模型的面板数据检验［J］．世界经济，2012（9）：21－40．

［22］蒋冠宏，蒋殿春．中国工业企业对外直接投资与企业生产率进步［J］．世界经济，2014b（9）：53－76．

［23］蒋冠宏，蒋殿春．中国企业对外直接投资的"出口效应"［J］．经济研究，2014a（5）：160－173．

［24］蒋冠宏，蒋殿春．中国企业对外直接投资的异质性检验——以服装、纺织和鞋帽类企业为例［J］．世界经济研究，2013（11）：61－65，79，89．

［25］李翀．对外直接投资理论的构建［J］．北京师范大学学报（社会科学版），2006（5）：104－116．

［26］李宏兵，郭界秀，翟瑞瑞．中国企业对外直接投资影响了劳动力

市场的就业极化吗？[J]. 财经研究, 2017 (6): 28 - 39.

[27] 李磊, 包群. 融资约束制约了中国工业企业的对外直接投资吗？[J]. 财经研究, 2015 (6): 120 - 131.

[28] 李蕾, 赵忠秀. 中国对外直接投资企业生产率影响因素研究 [J]. 国际贸易问题, 2015 (6): 114 - 124.

[29] 李平, 徐登峰. 中国企业对外直接投资进入方式的实证分析 [J]. 国际经济合作, 2010 (5): 86 - 94.

[30] 李雪欣. 中国企业对外直接投资动因新解 [J]. 中国流通经济, 2002 (6): 42 - 45.

[31] 李泳. 中国企业对外直接投资成效研究 [J]. 管理世界, 2009 (9): 34 - 43.

[32] 刘宏, 张蕾. 中国 ODI 逆向技术溢出对全要素生产率的影响程度研究 [J]. 财贸经济, 2012 (1): 95 - 100.

[33] 刘洪铎, 陈和. 双边贸易成本抑制了中国制造业企业的对外直接投资吗？[J]. 世界经济研究, 2016 (8): 47 - 58, 136.

[34] 刘莉亚, 何彦林, 王照飞, 等. 融资约束会影响中国企业对外直接投资吗？——基于微观视角的理论和实证分析 [J]. 金融研究, 2015 (8): 124 - 140.

[35] 刘乃郗, 韩一军, 刘邦凡. 从企业行为看国外国际直接投资理论的发展历程 [J]. 西北工业大学学报 (社会科学版), 2017, 37 (4): 19 - 22, 33.

[36] 刘乃郗, 韩一军, 刘邦凡. 国际直接投资理论前沿进展——基于企业行为的视角 [J]. 华南理工大学学报 (社会科学版), 2018a (1): 40 - 52.

[37] 刘乃郗, 韩一军, 刘邦凡. 逆全球化背景下中国农业海外投资风险与对策 [J]. 哈尔滨工业大学学报 (社会科学版), 2018b, 20 (1): 127 - 132.

[38] 刘乃郗, 韩一军, 王萍萍. FDI 是否提高了中国农业企业全要素生产率？——来自 99 801 家农业企业面板数据的证据 [J]. 中国农村经济, 2018 (4): 90 - 105.

[39] 刘淑琳, 黄静波. 对外直接投资与企业生产率——基于中国上市公司的实证分析 [J]. 国际经贸探索, 2011 (2): 64 - 68.

［40］刘阳春. 中国企业对外直接投资动因理论与实证研究 ［J］. 中山大学学报（社会科学版），2008（3）：177 – 184，209 – 210.

［41］罗军. 民营企业融资约束、对外直接投资与技术创新 ［J］. 中央财经大学学报，2017（1）：96 – 103.

［42］毛其淋，许家云. 中国对外直接投资促进抑或抑制了企业出口？［J］. 数量经济技术经济研究，2014a（9）：3 – 21.

［43］毛其淋，许家云. 中国对外直接投资如何影响了企业加成率：事实与机制 ［J］. 世界经济，2016（6）：77 – 99.

［44］毛其淋，许家云. 中国企业对外直接投资是否促进了企业创新 ［J］. 世界经济，2014b（8）：98 – 125.

［45］宓红. 从小规模技术理论看浙江民营企业对外直接投资的优势 ［J］. 亚太经济，2003（4）：65 – 67.

［46］聂辉华，江艇，杨汝岱. 中国工业企业数据库的使用现状和潜在问题 ［J］. 世界经济，2012（5）：142 – 158.

［47］逄增辉. 国际直接投资理论的发展与演变 ［J］. 经济评论，2004（1）：119 – 124.

［48］戚建梅，王明益. 对外直接投资扩大母国企业间工资差距了吗——基于我国微观数据的经验证据 ［J］. 国际贸易问题，2017（1）：116 – 126.

［49］齐亚伟. 研发创新背景下中国企业对外直接投资的学习效应研究 ［J］. 国际贸易问题，2016（2）：111 – 121.

［50］乔晶，胡兵. 对外直接投资如何影响出口——基于制造业企业的匹配倍差检验 ［J］. 国际贸易问题，2015（4）：126 – 136.

［51］邱立成，刘灿雷，盛丹. 中国企业对外直接投资与母公司经营绩效——基于成本加成率的考察 ［J］. 世界经济文汇，2016（5）：60 – 75.

［52］邱立成，刘奎宁. 融资异质性对企业对外直接投资倾向的影响——基于中国工业企业数据的检验 ［J］. 财贸研究，2016（3）：47 – 54.

［53］冉光和，李敬，万丽娟. 中国企业对外直接投资动机与绩效评价体系研究 ［J］. 世界经济研究，2006（7）：66 – 71.

［54］阮重晖. 我国企业对外直接投资重点区位的选择 ［J］. 国际商务（对外经济贸易大学学报），1998（2）：19 – 22.

［55］上官学进，胡凤玲．论我国中小企业对外直接投资的可行性［J］．国际贸易问题，2003（8）：22 – 25.

［56］苏丽萍．国际直接投资理论与中国海外投资的实证研究［J］．厦门大学学报（哲学社会科学版），2001（3）：34 – 41.

［57］汤晓军，张进铭．企业异质性与对外直接投资决策——基于中国制造业百强企业的分析［J］．江西社会科学，2013（1）：61 – 65.

［58］唐心智，刘晓燕．国际贸易与国际直接投资理论相互关系研究综述［J］．求索，2007（8）：42 – 44.

［59］陶攀，荆逢春．中国企业对外直接投资的区位选择——基于企业异质性理论的实证研究［J］．世界经济研究，2013（9）：74 – 80，89.

［60］田巍，余淼杰．企业生产率和企业"走出去"对外直接投资：基于企业层面数据的实证研究［J］．经济学（季刊），2012（2）：383 – 408.

［61］王碧珺，谭语嫣，余淼杰，等．融资约束是否抑制了中国民营企业对外直接投资［J］．世界经济，2015（12）：54 – 78.

［62］王方方，赵永亮．企业异质性与对外直接投资区位选择——基于广东省企业层面数据的考察［J］．世界经济研究，2012（2）：64 – 69，89.

［63］王忠诚，薛新红，张建民．融资约束、融资渠道与企业对外直接投资［J］．金融经济学研究，2017（1）：60 – 72.

［64］王琦．对外农业投资统计口径问题分析［J］．世界农业，2017（10）：74 – 79.

［65］汪晶晶，马惠兰，唐洪松，戴泉．中国农业对外直接投资区位选择的影响因素研究［J］．商业经济与管理，2017（8）：88 – 97.

［66］温湖炜．中国企业对外直接投资能缓解产能过剩吗——基于中国工业企业数据库的实证研究［J］．国际贸易问题，2017（4）：107 – 117.

［67］肖慧敏，刘辉煌．地理距离、企业异质性与中国对外直接投资——基于"新"新经济地理视角［J］．经济管理，2012（10）：77 – 85.

［68］肖慧敏，刘辉煌．企业特征与对外直接投资的自我行为选择［J］．国际经贸探索，2013（9）：82 – 92.

［69］肖慧敏，刘辉煌．中国对外直接投资提升了企业效率吗［J］．财贸经济，2014（5）：70 – 81.

［70］谢冰，胡美林．高新技术企业对外直接投资区位选择研究——基于产业集群的视角［J］．财经理论与实践，2006（4）：101－103.

［71］许罗丹，谭卫红．对外直接投资理论综述［J］．世界经济，2004（3）：65－69.

［72］严兵，张禹，韩剑．企业异质性与对外直接投资——基于江苏省企业的检验［J］．南开经济研究，2014（4）：50－63.

［73］阎大颖．中国企业对外直接投资的区位选择及其决定因素［J］．国际贸易问题，2013（7）：128－135.

［74］阎大颖，洪俊杰，任兵．中国企业对外直接投资的决定因素：基于制度视角的经验分析［J］．南开管理评论，2009（6）：135－142，149.

［75］杨杰，祝波．发展中国家对外直接投资理论的形成与演进［J］．上海经济研究，2007（9）：19－24.

［76］杨平丽，曹子瑛．对外直接投资对企业利润率的影响——来自中国工业企业的证据［J］．中南财经政法大学学报，2017（1）：132－139，160.

［77］杨平丽，张建民．对外直接投资对企业进出口贸易的影响——来自中国工业企业的证据［J］．亚太经济，2016（5）：113－119.

［78］杨忠．我国国有企业对外直接投资中的问题与对策［J］．中国工业经济，2000（8）：64－67.

［79］叶娇，赵云鹏．对外直接投资与逆向技术溢出——基于企业微观特征的分析［J］．国际贸易问题，2016（1）：134－144.

［80］衣长军，苏梽芳．我国企业对外直接投资的绩效评价与主体分析［J］．国际经贸探索，2008（1）：38－43.

［81］尹作敬，刘缉川．我国企业对外直接投资的不同动机探析［J］．经济体制改革，2005（4）：105－108.

［82］余官胜，林俐．我国企业对外直接投资投向哪国（地）集群？——基于浙江省样本的计数模型实证研究［J］．中南财经政法大学学报，2014（5）：125－132.

［83］袁其刚，樊娜娜．企业对外直接投资目的地选择的生产率效应［J］．中南财经政法大学学报，2016（1）：123－131.

[84] 张娆. 高管境外背景是否有助于企业对外直接投资 [J]. 宏观经济研究, 2015 (6)：107 - 116, 151.

[85] 张天顶. 出口、对外直接投资与企业的异质性研究 [J]. 南方经济, 2008 (3)：18 - 27.

[86] 张为付. 影响我国企业对外直接投资因素研究 [J]. 中国工业经济, 2008 (11)：130 - 140.

[87] 张为付. 中国企业对外直接投资的区位选择和路径安排 [J]. 国际贸易问题, 2006 (7)：105 - 110.

[88] 张为付, 武齐. 我国企业对外直接投资的理论分析与实证检验 [J]. 国际贸易问题, 2007 (5)：96 - 102.

[89] 张骁, 杨忠, 苍玉权. 国际直接投资理论的发展脉络及最新进展 [J]. 国际贸易问题, 2006 (2)：121 - 125.

[90] 张燕, 谢建国. 出口还是对外直接投资：中国企业"走出去"影响因素研究 [J]. 世界经济研究, 2012 (3)：63 - 68, 89.

[91] 周茂, 陆毅, 陈丽丽. 企业生产率与企业对外直接投资进入模式选择——来自中国企业的证据 [J]. 管理世界, 2015 (11)：70 - 86.

[92] 朱巧玲, 董莉军. 西方对外直接投资理论的演进及评述 [J]. 中南财经政法大学学报, 2011 (5)：26 - 32, 142 - 143.

[93] 宗芳宇, 路江涌, 武常岐. 双边投资协定、制度环境和企业对外直接投资区位选择 [J]. 经济研究, 2012 (5)：71 - 82, 146.

[94] Amighini, A. A., R. Rabellotti, M. Sanfilippo. Do Chinese State - Owned and Private Firms Differ in Their Internationalization Strategies？[J]. China Economic Review, 2013, 27：312 - 325.

[95] Anderson, J. E., E. V. Wincoop. Gravity with Gravitas：A Solution to the Border Puzzle [J]. American Economic Review, 2003, 93 (1)：170 - 192.

[96] Anderson, T. W., H. Cheng. Formulation and Estimation of Dynamic Models Using Panel Data [J]. Journal of Econometrics, 1982, 18 (1)：47 - 82.

[97] Antràs, P., D. Chor. Organizing the Global Value Chain [J]. Econometrica, 2013, 81 (6)：2127 - 2204.

[98] Arnold, J. M., K. Hussinger. Exports versus FDI in German Manufac-

turing: Firm Performance and Participation in International Markets [J]. Review of International Economics, 2010, 18 (4): 595 – 606.

[99] Ayca, T. K. Cross – Border M&A vs. Greenfield Investments: Does Corruption Make a Difference? [R]. MPRA Working Paper, 2012, No. 42857.

[100] Bai, J. Estimating Cross-section Common Stochastic Trends in Nonstationary Panel Data [J]. Journal of Econometrics, 2004, 122 (1): 137 – 183.

[101] Bai, J. Panel Data Models with Interactive Fixed Effects [J]. Econometrica, 2009, 77 (4): 1229 – 1279.

[102] Beltratti, A., G. Paladino. Is M&A Different during a Crisis? Evidence from the European Banking Sector [J]. Journal of Banking & Finance, 2013, 37 (12): 5394 – 5405.

[103] Berger, H., F. Westermann. Factor Price Equalization? The Cointegration Approach Revisited [J]. Review of World Economics, 2001, 137 (3): 525 – 536.

[104] Blonigen, B. A. A Review of the Empirical Literature on FDI Determinants [J]. Atlantic Economic Journal, 2005, 33 (4): 383 – 403.

[105] Brainard, S. L. An Empirical Assessment of the Proximity – Concentration Trade-off between Multinational Sales and Trade [J]. NBER Working Papers, 1997, 87 (4): 520 – 544.

[106] Brenton, P., F. D. Mauro, M. Lücke. Economic Integration and FDI: An Empirical Analysis of Foreign Investment in the EU and in Central and Eastern Europe [J]. Econometrica, 1999, 26 (2): 95 – 121.

[107] Buckley, P. J., L. J. Clegg, A. R. Cross, et al. The Determinants of Chinese Outward Foreign Direct Investment [J]. Journal of International Business Studies, 2007, 38 (4): 499 – 518.

[108] Buckley, P. J., M. Casson. The Future of the Multinational Firm [M]. London: Macmillan, 1976.

[109] Buckley, P. J., A. R. Cross, H. Tan. Historic and Emergent Trends in Chinese Outward Direct Investment [J]. Management International Review, 2008, 48 (6): 715 – 748.

[110] Buckley, P. J., C. Wang, J. Clegg. The Impact of Foreign Ownership, Local Ownership and Industry Characteristics on Spillover Benefits from Foreign Direct Investment in China [J]. International Business Review, 2007, 16 (2): 142 – 158.

[111] Byun, H., H. Lee, C. Park. Assessing Factors Affecting M&As Versus Greenfield FDI in Emerging Countries [R]. Asian Development Bank Economics Working Paper Series No. 293, 2012. Available at SSRN: https://ssrn.com/abstract=2198156 or http://dx.doi.org/10.2139/ssrn.2198156.

[112] Carr, D. L., J. R. Markusen, K. E. Maskus. Estimating the Knowledge – Capital Model of the Multinational Firm [J]. The American Economic Review, 2001, 91 (3): 693 – 708.

[113] Castellani, D., A. Zanfei. Internationalization, Innovation and Productivity: How Do Firms Differ in Italy? [J]. World Economy, 2007, 30 (1): 156 – 176.

[114] César, C., L. Norman, S. Luis. Greenfield Foreign Direct Investment and Mergers and Acquisitions: Feedback and Macroeconomic Effects [R]. World Bank Policy Research Working Paper No. 3192, 2004. https://openknowledge.worldbank.org/handle/10986/13941 License: CC BY 3.0 IGO.

[115] Chen, M. X. Interdependence in Multinational Production Networks [J]. Canadian Journal of Economics/Revue canadienne d'économique, 2011, 44 (3): 930 – 956.

[116] Chen, M. X., M. O. Moore. Location Decision of Heterogeneous Multinational Firms [J]. Journal of International Economics, 2010, 80 (2): 188 – 199.

[117] Chen, Y., J. Ishikawa, Z. Yu. Trade Liberalization and Strategic Outsourcing [J]. Journal of International Economics, 2004, 63 (2): 419 – 436.

[118] Chun – Chien, K. U. O., Y. Chih – Hai. Knowledge Capital and Spillover on Regional Economic Growth: Evidence from China [J]. China Economic Review, 2008, 19 (4): 594 – 604.

[119] Coase, R. H. The Nature of the Firm [J]. Econometrica, 1937, 4

(16): 386 – 405.

[120] Cui, L., F. Jiang. State Ownership Effect on Firms' FDI Ownership Decisions under Institutional Pressure: A Study of Chinese Outward – Investing Firms [J]. Journal of International Business Studies, 2012, 43 (3): 264 – 284.

[121] Dai, M., M. Maitra, M. Yu. Unexceptional Exporter Performance in China? The Role of Processing Trade [J]. Journal of Development Economics, 2016, 121: 177 – 189.

[122] Deardorff, A. V. Terms of Trade: Glossary of International Economics [M]. World Scientific, 2014.

[123] Ding, Y., H. Zhang, J. Zhang. Private vs State Ownership and Earnings Management: Evidence from Chinese Listed Companies [J]. Corporate Governance: An International Review, 2007, 15 (2): 223 – 238.

[124] Dixit, A. K., J. E. Stiglitz. Monopolistic Competition and Optimum Product Diversity [J]. The American Economic Review, 1977: 297 – 308.

[125] Dunning, J. H. International Production and the Multinational Firm (RLE International Business) [M]. Routledge, 2012.

[126] Dunning, J. H. Multinational Firms and the Globalization of Innovatory Capacity [J]. Research Policy, 1994, 23 (1): 67 – 88.

[127] Dunning, J. H. The Eclectic Paradigm of International Production: A Restatement and Some Possible Extensions [J]. Journal of International Business Studies, 1988: 1 – 31.

[128] Dunning, J. H. Trade, Location of Economic Activity and the MNE: A Search for an Eclectic Approach [J]. The International Allocation of Economic Activity. Palgrave Macmillan UK, 1977: 395 – 418.

[129] Dunning, J. H., A. M. Rugman. The Influence of Hymer's Dissertation on the Theory of Foreign Direct Investment [J]. American Economic Review, 1985, 75 (2): 228 – 232.

[130] Engel, D., V. Procher. Export, FDI and Firm Productivity [J]. Applied Economics, 2012, 44 (15): 1931 – 1940.

[131] Engel, D., V. Procher, C. M. Schmidt. The Asymmetries of a Small

World：Entry into and Withdrawal from International Markets by French Firms ［J］. Social Science Electronic Publishing，2010，42（1－2）：209－221.

［132］Federico，S.，E. Tosti. Exporters and Importers of Services：Firm － Level Evidence on Italy ［J］. World Economy，2016，40（10）：2078－2096.

［133］Feenstra，R. C. Advanced International Trade：Theory and Evidence ［M］. Princeton：Princeton University Press，2015.

［134］Girma，S.，R. Kneller，M. Pisu. Exports versus FDI：An Empirical Test ［J］. Review of World Economics，2005，141（2）：193－218.

［135］Goldberg，L. S.，M. W. Klein. International Trade and Factor Mobility：An Empirical Investigation ［J］. Social Science Electronic Publishing，1999，47（7196）：321－335.

［136］Gopinath，M.，R. Echeverria. Does Economic Development Impact the Foreign Direct Investment － Trade Relationship? A Gravity － Model Approach ［J］. American Journal of Agricultural Economics，2004，86（3）：782－787.

［137］Gourinchas，P. O.，O. Jeanne. Capital Flows to Developing Countries：The Allocation Puzzle ［J］. The Review of Economic Studies，2013，80（4）：1484－1515.

［138］Grave，K.，D. Vardiabasis，B. Yavas. The Global Financial Crisis and M&A ［J］. International Journal of Business and Management，2012，7（11）：56.

［139］Griffith，R.，S. Redding，H. Simpson. Foreign Ownership and Productivity：New Evidence from the Service Sector and the R&D Lab ［J］. LSE Research Online Documents on Economics，2004，20（3）：440－456.

［140］Hagemejer，J.，M. Kolasa. Internationalisation and Economic Performance of Firms：Evidence from Polish Firm － Level Data ［J］. World Economy，2011，34（1）：74－100.

［141］Hebous，S.，M. Ruf，A. J. Weichenrieder. The Effects of Taxation on the Location Decision of Multinational Firms：M&A vs. Greenfield Investments ［R］. CESifo Working Paper Series No. 3076. Available at SSRN：https：//ssrn. com/abstract = 1624789.

［142］ Helpman, E. A Simple Theory of International Trade with Multination-al Corporations ［J］. Journal of Political Economy, 1984, 92 (3): 451 – 471.

［143］ Helpman, E. Foreign Trade and Investment: Firm – Level Perspectives ［J］. Econometrica, 2014, 81 (321): 1 – 14.

［144］ Helpman, E., M. J. Melitz, S. R. Yeaple. Export versus FDI with Heterogeneous Firms ［J］. American Economic Review, 2004, 94 (1): 300 – 316.

［145］ Helpman, E., P. R. Krugman. Market Structure and Foreign Trade: Increasing Returns, Imperfect Competition, and the International Economy ［M］. MIT press, 1985.

［146］ Hijzen, A., H. Garg, M. Manchin. Cross – Border Mergers and Acquisitions and the Role of Trade Costs ［J］. European Economic Review, 2008, 52 (5): 849 – 866.

［147］ Hijzen, A., I. Tomohiko, T. Yasuyuki. The Effects of Multinational Production on Domestic Performance: Evidence from Japanese Firms ［R］. Discussion Papers, 2006.

［148］ Holland, P. W., R. E. Welsch. Robust Regression Using Iteratively Reweighted Least – Squares ［J］. Communications in Statistics, 1977, 6 (9): 813 – 827.

［149］ Huang, Y., B. Wang. Chinese Outward Direct Investment: Is There a China Model? ［J］. China & World Economy, 2011, 19 (4): 1 – 21.

［150］ Huang, Y., B. Wang. Investing Overseas without Moving Factories Abroad: The Case of Chinese Outward Direct Investment ［J］. Asian Development Review, 2013, 30 (1): 85 – 107.

［151］ Hulten, C. R. Total Factor Productivity: A Short Biography ［M］. Chicago: University of Chicago Press. 2001.

［152］ Hymer, S. H. The International Operations of National Firms ［J］. Quarterly Journal of Economics, 1960, 80: 190 – 207.

［153］ Ivashina, V., D. Scharfstein. Bank Lending during the Financial Crisis of 2008 ［J］. Journal of Financial Economics, 2010, 97 (3): 319 – 338.

[154] Javorcik, B. S. Does Foreign Direct Investment Increase the Productivity of Domestic Firms? In Search of Spillovers through Backward Linkages [J]. American Economic Review, 2004, 94 (3): 605 – 627.

[155] Johanson, J., J. E. Vahlne. The Internationalization Process of the Firm – A model of Knowledge Development and Increasing Foreign Market Commitments [J]. Journal of International Business Studies, 1977: 23 – 32.

[156] Kalkbrenner, E. Acquired versus Non – Acquired Subsidiaries – Which Entry Mode do Parent Firms Prefer [R]. NRN Working Paper No. 1022, NRN: The Austrian Center for Labor Economics and the Analysis of the Welfare State, 2010.

[157] Kim, Y. H. Cross – Border M&A vs. Greenfield FDI: Economic Integration and its Welfare Impact [J]. Journal of Policy Modeling, 2009, 31 (1): 87 – 101.

[158] Kimura, F., K. Kiyota. Exports, FDI, and Productivity: Dynamic Evidence from Japanese Firms [J]. Review of World Economics, 2006, 142 (4): 695 – 719.

[159] Kleinert, J., F. Toubal. Gravity for FDI [J]. Review of International Economics, 2010, 18 (1): 1 – 13.

[160] Knutsen, C. H., A. Rygh, H. Hveem. Does State Ownership Matter? Institutions' Effect on Foreign Direct Investment Revisited [J]. Business and Politics, 2011, 13 (1): 1 – 31.

[161] Kojima, K. Japanese Direct Foreign Investment: A Model of Multinational Business Operations [M]. Charles E. Tuttle Company, 1978.

[162] Kox, H. L. M., H. Rojas – Romagosa. Exports and Productivity Selection Effects for Dutch Firms [J]. De Economist, 2010, 158 (3): 295 – 322.

[163] Krugman, P. Increasing Returns, Monopolistic Competition, and International Trade [J]. Journal of International Economics, 1979, 9 (4): 469 – 479.

[164] Krugman, P. Scale Economies, Product Differentiation, and the Pattern of Trade [J]. American Economic Review, 1980, 70 (5): 950 – 959.

[165] Levinsohn, J., A. Petrin. Estimating Production Functions Using Inputs to Control for Unobservables [J]. The Review of Economic Studies, 2003, 70 (2): 317 –341.

[166] Liu, N., D. Blandford. Does Cross – border Mobility of Capability Affect Overseas Direct Investment Choices by Chinese Multinationals? [R]. Workingpaper, Pennstate AESE, 201708.

[167] Lu, X., Y. J. Lian. TFP Calculating of China Industrial Firms: 1999 – 2007 [J]. Chinese Economic Quarterly, 2012, 2: 541 –558.

[168] Lucas, R. E. Why doesn't Capital Flow from Rich to Poor Countries? [J]. The American Economic Review, 1990, 80 (2): 92 –96.

[169] Ma, Y., H. Tang, Y. Zhang. Factor Intensity, Product Switching, and Productivity: Evidence from Chinese Exporters [J]. Journal of International Economics, 2014, 92 (2): 349 –362.

[170] Markusen, J. R. Multinationals, Multi – Plant Economies, and the Gains from Trade [J]. Journal of International Economics, 1984, 16 (3 –4): 205 –226.

[171] Markusen, J. R., A. J. Venables. Multinational Firms and the New Trade Theory [J]. Journal of International Economics, 1998, 46 (2): 183 – 203.

[172] Markusen, J. R., A. J. Venables. The Theory of Endowment, Intra – Industry and Multi-national Trade [J]. Journal of International Economics, 2000, 52 (2): 209 –234.

[173] Melitz, M. J. The Impact of Trade on Intra – Industry Reallocations and Aggregate Industry Productivity [J]. Econometrica, 2003, 71 (6): 1695 – 1725.

[174] Melitz, M. J., G. I. P. Ottaviano. Market Size, Trade, and Productivity [J]. The Review of Economic Studies, 2008, 75 (1): 295 –316.

[175] Mundell. International Trade with Factor Mobility. American Economic Review [J]. 1957: 321 –335.

[176] Murakami, Y. Are Multinational Firms More Productive? A Test of the

Selection Hypothesis [J]. Journal of Asian Economics, 2005, 16 (2): 327 – 339.

[177] Nocke, V., S. Yeaple. An Assignment Theory of Foreign Direct Investment [J]. The Review of Economic Studies, 2008, 75 (2): 529 – 557.

[178] Nocke, V., S. Yeaple. Cross – Border Mergers and Acquisitions vs. Greenfield Foreign Direct Investment: The Role of Firm Heterogeneity [J]. Journal of International Economics, 2007, 72 (2): 336 – 365.

[179] Olley, G. S., A. Pakes. The Dynamics of Productivity in the Telecommunications Equipment Industry [J]. Econometrica, 1996, 64 (6): 1263 – 1297.

[180] Ornelas, E., J. L. Turner. Trade Liberalization, Outsourcing, and the Hold – Up Problem [J]. Journal of International Economics, 2008, 74 (1): 225 – 241.

[181] Park, C. Y., H. S. Byun, H. H. Lee. Assessing Factors Affecting M&As versus Greenfield FDI in Emerging Countries [R]. ADB Economics Working Papers, Series 263, 2012.

[182] Perry, M. K. Vertical Integration: Determinants and Effects [J]. Handbook of Industrial Organization, 1989, 1: 183 – 255.

[183] Raff, H., M. Ryan, F. Stähler. The Choice of Market Entry Mode: Greenfield Investment, M&A and Joint Venture [J]. International Review of Economics & Finance, 2009, 18 (1): 3 – 10.

[184] Rybczynski, T. M. Factor Endowment and Relative Commodity Prices [J]. Econometrica, 1955, 22 (88): 336 – 341.

[185] Sargent, J., L. Matthews. Capital Intensity, Technology Intensity, and Skill Development in Post China/WTO Maquiladoras [J]. World Development, 2008, 36 (4): 541 – 559.

[186] Schiffbauer, M., I. Siedschlag, F. Ruane. Do Foreign Mergers and Acquisitions Boost Firm Productivity? [J]. International Business Review, 2017, 26 (6): 1124 – 1140.

[187] Shepherd, B. Export and FDI Premia among Services Firms in the De-

veloping World [J]. Applied Economics Letters, 2014, 21 (3): 176 –179.

[188] Slangen, A. H. L. Greenfield or Acquisition Entry? The Roles of Poli-cy Uncertainty and MNE Legitimacy in Host Countries [J]. Global Strategy Jour-nal, 2013, 3 (3): 262 –280.

[189] Song, L. , J. Yang, Y. Zhang. State – Owned Firms' Outward Invest-ment and the Structural Reform in China [J]. China & World Economy, 2011, 19 (4): 38 –53.

[190] Song, Z. , K. Storesletten, F. Zilibotti. Growing Like China [J]. American Economic Review, 2011, 101 (1): 196 –233.

[191] Spearot, A. C. Firm Heterogeneity, New Investment and Acquisitions [J]. Journal of Industrial Economics, 2012, 60 (1): 1 –45.

[192] Stiebale, J. , M. Trax. The Effects of Cross – Border M&As on the Acquirers' Domestic Performance: Firm – Level Evidence [J]. Canadian Journal of Economics, 2011, 44 (3): 957 –990.

[193] Stone, S. F. , B. N. Jeon. Gravity – Model Specification for Foreign Direct Investment: A Case of the Asia – Pacific Economies [J]. The Journal of Business and Economic Studies, 1999, 5 (1): 33.

[194] Swenson, D. L. Foreign Investment and the Mediation of Trade Flows [J]. Review of International Economics, 2004, 12 (4): 609 –629.

[195] Tanaka, A. Firm Productivity and the Number of FDI Destinations: Evidence from a Non – Parametric Test [J]. Economics Letters, 2012, 117 (1): 1 –4.

[196] Tian, W. , M. Yu. Firm Productivity and Outward Direct Investment: Empirical Study Based on Firm Level Data [J]. China Economic Quarterly, 2012, 11: 383 –408.

[197] Todo, Y. Quantitative Evaluation of Determinants of Export and FDI: Firm – Level Evidence from Japan [J]. The World Economy, 2011, 34 (3): 355 –381.

[198] Upward, R. , Z. Wang, J. Zheng. Weighing China's Export Basket: The Domestic Content and Technology Intensity of Chinese Exports [J]. Journal of

Comparative Economics, 2013, 41 (2): 527 – 543.

[199] Vernon, R. International Investment and International Trade in the Product Cycle [J]. Quarterly Journal of Economics, 1966: 190 – 207.

[200] Wagner, J. Exports, Foreign Direct Investment, and Productivity: Evidence from German Firm Level Data [J]. Applied Economics Letters, 2006, 13 (6): 347 – 349.

[201] Wakasugi, R. , A. Tanaka. Firm Heterogeneity and Different Modes of Internationalization: Evidence from Japanese Firms [R]. KIER Working Papers, 2009, No. 681.

[202] Wang, A. The Choice of Market Entry Mode: Cross – Border M&A or Greenfield Investment [J]. International Journal of Business and Management, 2009, 4 (5): 239 – 245.

[203] Wooldridge, J. M. On Estimating Firm – Level Production Functions Using Proxy Variables to Control for Unobservables [J]. Economics Letters, 2009, 104 (3): 112 – 114.

[204] Yasar, M. , R. Raciborski, B. Poi. Production Function Estimation in Stata Using the Olley and Pakes Method [J]. Stata Journal, 2008, 8 (2): 221 – 231.

[205] Yeaple, S. R. A Simple Model of Firm Heterogeneity, International Trade, and Wages [J]. Journal of International Economics, 2005, 65 (1): 1 – 20.

[206] Yeaple, S. R. Firm Heterogeneity and Structure of U. S. Multinational Activity [J]. Journal of International Economics, 2009, 78 (2): 206 – 215.